Axel Schnorbus
Alexander von Bismarck

Die Bismarcks in Döbbelin

Axel Schnorbus
Alexander von Bismarck

Die  Bismarcks in Döbbelin

Eine Familiensaga aus 8 Jahrhunderten

Mit einem Vorwort
von Brun-Hagen Hennerkes

FREIBURG · BASEL · WIEN

© Verlag Herder GmbH,
Freiburg im Breisgau 2015
Alle Rechte vorbehalten
www.herder.de

Satz: Ditta Ahmadi, Berlin
Zeichnungen: Peter Palm, Berlin
Reproduktionen: Aigner, Berlin
Herstellung: Graspo, Zlín

Gedruckt auf umweltfreundlichem,
chlorfrei gebleichtem Papier

Printed in the Czech Republic

ISBN 978-3-451-31571-8

Inhalt

Vorwort *Brun-Hagen Hennerkes*	6
Liebeserklärung *Alexander von Bismarck*	10
Fast ein Wunder	16
Die 19. Generation in der Verantwortung	32
Die Herkunft der Bismarcks	48
Der erste urkundliche Nachweis	62
Klaus von Bismarck und seine Zeit	68
Die Bedeutung Burgstalls	82
Zeit des Absolutismus	90
Preußens Kapitulation	106
Das 19. Jahrhundert – die Verwandlung der Welt	116
Die Katastrophen des 20. Jahrhunderts	142
Die Wende	174
Musik in Döbbelin	200
Sommer in Döbbelin	208
Der Film in Döbbelin	214
Die Familie in Döbbelin	218
Literaturnachweis	239
Bildnachweis	240

Vorwort
Brun-Hagen Hennerkes

Prof. Dr. Dr. h.c. mult. Brun-Hagen Hennerkes, Vorstand der 2002 ins Leben gerufenen Stiftung Familienunternehmen, begrüßt Alexander von Bismarck und seine Frau Irina am 6. Juni 2013 vor der Französischen Botschaft in Berlin.

Meine Freunde Alexander und Irina von Bismarck haben mich gebeten, zu dem vorliegenden Buch ein persönliches Wort hinzuzufügen. Dieser Bitte komme ich gern nach:

Mit der Wiedervereinigung unseres Vaterlandes im Jahre 1990 hat der fast schon erloschene Glanz des Namens derer von Bismarck wieder zu alter Bedeutung zurückgefunden. Die Bismarcks – am ruhmvollsten repräsentiert durch den Reichskanzler Otto von Bismarck als den berühmtesten Vertreter ihres Geschlechts – galten den Siegermächten über längere Zeit nach dem Zweiten Weltkrieg als Synonym für das verhasste Preußentum. Nicht die unbestritten ethisch hochstehenden Tugenden der Preußen, sondern allein das angeblich dem Militarismus huldigende Junkertum, waren für das Urteil der Alliierten ausschlaggebend.

Der Untergang Preußens – beginnend mit seiner Einverleibung durch das nationalsozialistische Gauwesen und endgültig vollzogen durch die Bestimmungen des alliierten Kontrollratgesetzes Nr. 96 vom 25. Februar 1947 – hatte besonders die Döbbeliner Bismarcks ins Mark getroffen – besaßen sie doch außerhalb der Gebiete jenseits des eisernen Vorhangs keinerlei Besitztümer von Rang.

Die Deutsche Demokratische Republik hat die Herabsetzung des Preußentums mit allen Kräften befördert. Mit der Sprengung des Geburtshauses Otto von Bismarcks durch die nationale Volksarmee hat sie im Jahre 1958 den Versuch unternommen, eine lange und erfolgreiche Periode der deutschen Geschichte auf alle Zeit vergessen zu machen. – Heute wissen wir, dass dieser Versuch gescheitert ist.

Mag sein, dass trotz der überaus reichhaltigen Literatur zur Geschichte Preußens das jetzt vorliegende Buch eine erneute Befassung mit den inneren Gründen, die zu Preußens Untergang geführt haben, auslöst und damit eine veränderte Sichtweise auf das historische Preußentum eröffnet.

Mag weiterhin sein, dass durch das vorliegende Buch zur Geschichte speziell der Döbbeliner Bismarcks neue Aspekte aufgeworfen werden. Auf jeden Fall erscheint das Buch zu einer Zeit, in der Europa als das wichtigste Projekt unseres Kontinents angesichts von Kraftlosigkeit, Egoismus und Verschwendungssucht vieler politischer Akteure Gefahr läuft, zu einem grandiosen Misserfolg zu werden. Umso mehr ist es sinnvoll und notwendig, sich gerade heute der sprichwörtlichen preußischen Tugenden wieder bewusst zu werden.

Die Döbbeliner Bismarcks haben – wie das vorliegende Buch ausführt – ihre eigene jahrhundertealte Geschichte gelebt. Diese Geschichte hat die Familie ebenso geprägt wie sie sich auf ihre Heimat, die Altmark, segensreich ausgewirkt hat. »Zukunft braucht Herkunft«, lehrt uns die Geschichte, und mit einer überzeugenden Herkunft können die Döbbeliner Bismarcks allemal aufwarten. Herkunft ist zwar stets nur Bestandteil der Erinnerung vergangener Geschlecher. Sie ist jedoch zugleich das Fundamt für die Zukunft und für die Zukunft haben die Döbbeliner Bismarcks etwas Neues zu bieten.

Lag ihr wirtschaftlicher Schwerpunkt in der Vergangenheit stets im Bereich der Land- und Forstwirtschaft und haben ihre Repräsentanten an wichtigen Stellen im regionalen Gemeinwesen gewirkt, so haben Alexander von Bismarck und seine Frau Irina zum ersten Mal in der Geschichte ihrer Familie das Tor zu einer unternehmerischen Tätigkeit aufgestoßen.

Mit der Gründung eines eigenen Handelsunternehmens, das sich in wenigen Jahren erfolgreich am Markt platzieren konnte, ist jetzt neben das Althergebrachte, neben das Bodenständige und neben das Erdverbundene eine neue Dimension getreten.

Globalisierung, Internationalisierung und Internet heißen jetzt die Herausforderungen, die das Wirken der Döbbeliner Bismarcks als eine zukunftsweisende Verbindung zweier ganz unterschiedlicher Lebenssphären prägen werden.

Lokale Verbundenheit einerseits und europaweite kaufmännische Tätigkeit andererseits treffen zum ersten Mal in der Geschichte der Döbbeliner Bismarcks zusammen. Doch auch wenn hierdurch gänzlich Neues zu Tage tritt, im Verborgenen bleibt doch der Stolz der Familie auf Herkunft und Tradition.

Preußen wird nicht wieder auferstehen – das erscheint sicher. Doch die Werte, die Preußen einstmals groß gemacht haben, werden gerade heute benötigt, wo wir alle gemeinsam ein vereinigtes Europa aufbauen wollen.

Insoweit mag das längst verklungene Trutzlied »Ich bin ein Preuße, kennt ihr meine Farben?«, welches im Jahre 1849 beim Siegesmahl anlässlich der Wiederwahl Otto von Bismarcks in das preußische Abgeordnetenhaus von seinen Freunden angestimmt wurde, bei manchen von uns Ressentiments wachrufen; bei vielen jedoch erinnert es an hervorragende preußische Tugenden wie Heimatliebe, Verantwortungsbereitschaft, Fleiß, Sparsamkeit und Gradlinigkeit.

Liebeserklärung

Alexander v. Bismarck

Irina und Alexander von Bismarck, Hausherren in Döbbelin, dem ältesten Besitz der Familie Bismarck, in der 19. Generation.

Dieses Buch ist eine Liebeserklärung an die Altmark und an meine Eltern, Hans-Joachim und Joyce (Francoise) sowie an meine Frau Irina. Mein Vater war der letzte Döbbeliner Bismarck, ohne ihn wäre die Döbbeliner Linie ausgestorben. Doch es kam anders. Nach 44 Jahren war der Weg in die Heimat unserer Familie wieder frei. Und die ganze Familie machte sich gleich auf diesen Weg in die mir bisher verschlossene, aber nie vergessene Altmark. An dieser Stelle ein Dank an meine Mutter und meinen 2008 verstorbenen Vater. Sie haben mich von Anbeginn an emotional begleitet, standen mir mit Rat und Tat zur Seite, haben mir stets Mut gemacht, durchzuhalten, um Döbbelin wieder für die Familie zu gewinnen.

Über 740 Jahre lebt unsere Familie in der Altmark. Vor der Wende kannte ich diese hermetisch von uns abgeriegelte Gegend nur aus Fotoalben und Erzählungen der Älteren. Doch schon gleich beim ersten Anblick wurde mir bewusst, dass ich endlich den Ort gefunden hatte, wo ich mich zu Hause fühlte. Mit anderen Worten: Ich war dort angekommen, wo meine Vorfahren gezwungenermaßen aufgeben mussten. Hier wollte ich mich mit allen Fasern meines Wesens engagieren. Döbbelin hatte mich gepackt. Das Schloss, der Park, die Kirche, die nähere Umgebung – all das wollte ich künftig mitgestalten, wollte neue Verbindungen knüpfen und Verantwortung übernehmen. Jedes Detail, jede Einzelheit erschien mir wichtig – ich habe diesen Ort aus der Vergessenheit herausgeholt, in der er all die Jahre der Diktatur, der Unfreiheit gesteckt hatte.

So war es für mich ein bewegendes Erlebnis, zum ersten Mal im Jahr 1990 die Straße nach Döbbelin hineinzufahren und in das Schloss – oder besser gesagt: was davon noch übrig geblieben war – einzutreten. Sämtliche Emotionen meiner politischen Aktivitäten im Westen mischten sich mit der eindrucksvollen Empfindung, im Hause meiner Vorväter abgekommen zu sein. Das Gefühl war unbeschreiblich: Freude und Tränen, Fragen und Ungewissheit, alles strömte in diesem Januar 1990 auf mich ein. Ich dachte schon gleich an den Umbau, an die Veränderung des Umfeldes, an neue Kontakte mit den Menschen in Döbbelin. Wer kann mithelfen, das Schloss wieder zu einem lebendigen Umfeld für unsere Familie werden zu lassen? Auch meinen Geschwistern, Freya, Angela und Georg-Friedrich, genannt Knöppi, möchte ich für ihre Hilfe danken sowie den Döbbelinern Brigitte Luschnat, Gerd Hofmann und dem leider viel zu früh verstorbenen Burghard Lühe. Sie haben mir von Beginn an unermüdlich zur Seite gestanden.

Einige Jahre später, als meine Frau Irina aus Sankt Petersburg sich in Döbbelin häuslich einrichtete, begann ein neues Abenteuer: der Umbau. Bagger, Kräne, riesige Kieshaufen und Betonmischer beherrschten die Szene, innen wie außen. Das ganze Schloss war eingerüstet.

Langsam wurde es wohnlich, das Schloss kehrte, behutsam renoviert und modernisiert, zu seiner eigentlichen Bestimmung zurück: Atmosphäre und Lebensgefühl zu vermitteln und an eine 275-jährige Tradition anzuknüpfen. Die Räume wurden zu neuem Familienleben geweckt. Tausend Dank Irina, Du hast überall Deine Handschrift hinterlassen. Der Anstrich im leuchtenden Gelb erinnert uns an Deine Vaterstadt an der Newa.

Es grenzt fast an ein Wunder: Schloss Döbbelin ist wieder ein beliebtes Ausflugsziel in der Altmark. Seit der Jahrtausendwende erstrahlen Schloss und Marstall in Kaisergelb – eine Idee der Schlossherrin, die in St. Petersburg geboren wurde. Das erinnert sie an ihre Vaterstadt, wo die pastellfarbenen Fassaden erst gar keine triste Winterstimmung aufkommen lassen.

Fast ein Wunder

Die 20. Generation der Döbbeliner Bismarcks wächst wieder hier im Schloss auf: Armin von Bismarck hilft tatkräftig mit, die alte Betontreppe abzureißen, die durch eine Sandsteintreppe ersetzt werden soll.

Die Altmark – Land an der Elbe in der Mitte Deutschlands und seit einer Generation auch wieder Land der Bismarcks. Die Wunden, die der letzte Krieg geschlagen hat, sind vernarbt und das unweit von Stendal gelegene Straßendorf Döbbelin nun wieder eine Reise wert. Erstmals wird es im Jahre 1160 urkundlich im Besitzverzeichnis des St. Ludgerklosters in Helmstedt erwähnt.

Die Verbindung der Bismarcks mit Döbbelin beginnt einige Generationen später. Am 8. März 1344 verleiht ihnen Markgraf Ludwig einen Anteil an diesem Dorfe. 670 Jahre Bodenständigkeit – was bedeuten da schon die wenigen Jahrzehnte unter sozialistischer Herrschaft! Das verfallende Barockschloss aus dem Jahre 1736 ist wieder vollkommen restauriert und verbreitet mit seinem lebhaft gelben Anstrich, dem »Kaisergelb«, Optimismus, ebenso der Marstall, die neu gepflanzten Linden im Park und die mit viel Liebe hergerichtete Kirche, die aus der zweiten Hälfte des 12. Jahrhunderts stammt. Sie war 1747 umgebaut worden. 1937 hatte die letzte Besitzerin des Schlosses die Familiengruft zumauern lassen.

Ursprünglich sollen die Bismarcks aus Böhmen gekommen sein, eine liebliche Mittelgebirgslandschaft, die Caspar David Friedrich in melancholischer Schönheit dargestellt hat. Vielleicht haben die Bismarcks einige Zeit gebraucht, um sich an die märkische Landschaft zu gewöhnen und sie schließlich zu lieben. Von Otto von Bismarck, dem großen Staatsmann, weiß man jedenfalls, dass er Bergen nichts abwinnen konnte und sich am wohlsten fühlte in der Weite seiner eigenen Wälder.

Alexander von Bismarck, der jetzige Schlossherr, hat sie 1998 wieder öffnen lassen, um den hier bestatteten sieben Generationen eine würdige Ruhestätte zu geben. Er selbst repräsentiert die 19. Generation. Die Hoffnung auf Rückkehr in das Schloss seiner Vorfahren hatte er nie aufgegeben. Aus Erzählungen von Eltern und Großeltern war ihm jeder Winkel des Schlosses vertraut. Bis zur überraschenden Wende im November 1989 hatten allerdings nur die größten Optimisten an eine Rückkehr in die alte Heimat glauben wollen. Doch das Schicksal war diesem Teil der weitverzweigten Bismarck-Familie wohlgesinnt.

Schon bald nach der Wende hatte sich Alexander von Bismarck mit seinem Vater Hans-Joachim aufgemacht, Döbbelin für die Familie zurückzugewinnen. Dies ist überraschend schnell möglich geworden, weil Döbbelin im Gegensatz zu den anderen altmärkischen Besitzungen der weitverzweigten Familie nach Kriegsende nicht enteignet worden war. Denn die letzte Besitzerin des Gutes, Gertrud, war zwar eine geborene von Bismarck, trug aber den Namen ihres Mannes von Nordeck, also nicht den Namen des nun von den neuen Machthabern als Ausgeburt preußischen Junkertums verfemten Geschlechts.

»Tante Gertrud«, wie sie stets von der Familie genannt wurde, durfte daher zwei Zimmer ihres Schlosses weiter bewohnen. Erst nach ihrem Tode im Jahre 1963 wurde das Schloss verstaatlicht, aber eben nicht enteignet. Das war 1990 wichtig. Denn im Zuge der Wiedervereinigung waren Enteignungen von Grund und Boden, die im Gefolge der Bodenreform vorgenommen wurden, erst einmal nicht entschädigt worden.

Die Döbbeliner Bismarcks dagegen konnten schon 1991 für einen symbolischen Kaufpreis ihr Anwesen

Unmittelbar nach dem Mauerfall im Jahr 1989 fuhren Hans-Joachim von Bismarck (18. Generation) und sein Sohn Alexander zum Schloss Döbbelin, von dem sie in Aumühle bei Hamburg immer wieder geträumt haben, das sie zu DDR-Zeiten aber nie hatten besuchen dürfen.

Der Anblick, der sich den Besuchern bot, war trostlos, aber nicht so trostlos, dass die beiden Bismarcks sich hätten abschrecken lassen. Sie beantragten die Rückübereignung ihrer Güter und hatten, wie sich bald herausstellte, mehr Glück als erwartet. 1991 konnten sie ihr Anwesen für einen symbolischen Kaufpreis zurückerwerben. Dass das Gebäude über all die Jahre stets genutzt worden war – neben dem örtlichen Konsum und der Kindertagesstätte befanden sich noch verschiedene andere Einrichtungen in dem soliden Barockbau – erwies sich nun als großer Vorteil, denn dadurch war die Bausubstanz einigermaßen erhalten geblieben. Holz und Braunkohle lagen im Herbst 1989 schon für den nächsten Winter bereit.

Die herrschaftliche Freitreppe hatte keine Funktion mehr. Sie war in den 1950er Jahren abgerissen worden. Die Initialen über dem Giebel an der Parkseite konnte man noch erkennen. Sie wurden bald liebevoll wiederhergestellt. Im Innern gab es noch so manche Überraschung: Als bei der Renovierung des ehemaligen LPG-Büros die Wandverkleidung entfernt wurde, kamen Reste eines Kamins und eine Nische für einen beinahe raumhohen Kachelofen zum Vorschein.

zurückerwerben. Alexander von Bismarck und seine Familie sind seit der Wiedervereinigung übrigens die einzigen Bismarcks, die ihren Hauptwohnsitz wieder in die Altmark verlegt haben. Nach und nach wurden die 18 Zimmer auf 1400 Quadratmetern Wohnfläche renoviert – was nicht unerhebliche Kosten verursachte. Einige Beispiele: Der Dachstuhl wurde rekonstruiert und wieder Gauben eingebaut. Die Betonziegel auf dem Dach wurden durch ein historisch »korrektes« Bieberschwanzdach ersetzt. Auch der Marstall in unmittelbarer Nachbarschaft des Schlosses erhielt ein neues Dach. Im Innern des Marstalls entstand eine Wohnung für das Hausmeister-Ehepaar. Seit 1996 lebt die Familie ständig hier und sie hat sich in der neuen, alten Heimat mehr als nur eingerichtet.

Alexander von Bismarck fühlt sich verantwortlich, nicht nur gegenüber Familie, Mitarbeitern, dem Geschlecht der Bismarcks oder der Altmark, in der er nun seit mehr als zwei Jahrzehnten wieder lebt, sondern auch gegenüber der Geschichte und den kommenden Generationen. Die Vergangenheit objektiv widerzuspiegeln ist allerdings selbst bei lückenloser Wiedergabe des Gewesenen kaum möglich. Was geschehen ist, wird durch uns heute Lebende, durch unsere Anschauungen, unsere Erfahrungen, kurz, durch unser Lebensgefühl bestimmt und gespiegelt und nimmt dadurch selbst subjektive Gestalt an. So ist die Fragestellung an die Geschichte immer wieder eine neue und die Frage nach der Zeit gerät gleichsam unter der Hand zum Prüfstein für Erfolg und Misserfolg.

Tradition zu bewahren und zu pflegen – das stand für Alexander von Bismarck gleich zu Beginn fest. »Wer nicht von dreitausend Jahren sich weiß Rechenschaft zu geben, bleibt im Dunklen unerfahren, mag von Tag zu

Die rund 14 Meter langen Eichenbalken der Decke wurden freigelegt und ebenso die Stuckornamente an den Wänden, die die Zeitläufte überstanden hatten. Hier war vor der Wende der Konsum untergebracht, nun sollte daraus ein Esszimmer werden.

Nachdem Müll und Schutt entfernt worden waren, wurde allmählich deutlich, was hier wieder entstehen würde: der von Traditionen geprägte Wohnsitz einer alten Familie.

Die neue Eingangshalle mit Blick durch den Salon in den Park. Zu beiden Seiten der Tür die Porträts der Eltern von Katharina von der Groeben (1740–1773), Henriette Dorothea und Wolff Ludwig von der Groeben. Katharina von der Groeben und ihr Gemahl Heinrich (1735–1806) sind die vierfachen Urgroßeltern von Alexander von Bismarck.

Tage leben.« Dieser Gedanke Goethes aus dem »Westöstlichen Diwan« ist für ihn stets Richtschnur gewesen. Das, was seine Vorfahren geleistet haben, soll nicht »im Dunklen bleiben«, und »von Tag zu Tage« soll seine Familie nicht leben. Döbbelin betrachtet er daher nicht als Eigentum, mit dem man beliebig verfahren kann. Sein Credo lautet vielmehr, es gut verwaltet und unversehrt an die nachfolgende Generation zu übergeben, als Bindeglied zwischen den Geschlechtern und damit auch zwischen Vergangenheit und Gegenwart. Geschichte ist etwas Dynamisches. Jede Generation muss sie für sich gleichsam neu schreiben. Stillstand gibt es nicht. »Der eigenen Geschichte ins Angesicht zu blicken ist eine Pflicht sowohl für Nationen als auch für Individuen«, hat der große französische Historiker Jacques Le Goff einmal geschrieben; für ihn stellt demnach Amnesie, also Gedächtnisverlust, eine Tragödie, freiwillige Amnesie sogar »ein schweres Vergehen« dar. Dieses Buch soll Rechenschaft geben über das Leben der Bismarcks in Döbbelin und zugleich verhindern, dass ihre 670-jährige Geschichte in Vergessenheit gerät.

Nach der Katastrophe im Mai 1945 war Tradition freilich eher zum Fremdwort geworden, beinahe so, als wollten sich die Deutschen von ihrer Geschichte endgültig verabschieden. Auch die Bismarcks standen vor dem Nichts. Von den vielen Gütern war der Schönhausener Linie nur Friedrichsruh im Sachsenwald geblieben, eine Schenkung Wilhelm I. an den Reichskanzler Otto von Bismarck.

Der Saal im ersten Stock. Hier finden Familienfeiern und andere Festlichkeiten statt, vor allem die Konzerte, durch die sich Döbbelin inzwischen weit über die Altmark hinaus einen Ruf erworben hat.

Die acht Güter in Hinterpommern waren an Polen gefallen, deren Besitzer vertrieben worden waren. Die sechs Güter in der DDR waren mit Ausnahme Döbbelins enteignet, die mehr als 4000 Hektar Land unter Neusiedlern aufgeteilt worden. »Junkerland in Bauernhand« hatten die Machthaber diese Aktion großspurig überschrieben. Doch mit dem selbstbestimmten Wirtschaften auf der neu erworbenen Scholle war es wenige Jahre später mit Gründung der Landwirtschaftlichen Produktionsgenossenschaften (LPG) schon wieder vorbei. Zugleich wollten die Kommunisten das Gedenken an Preußens Vergangenheit ein für allemal auslöschen. Im Jahr 1958 ließ die DDR-Führung das Schloss in Schönhausen, Geburtsort des Reichskanzlers, durch die Nationale Volksarmee sprengen.

Auch das ist Vergangenheit. Inzwischen haben die Bismarcks drei Güter in der Altmark zurückgekauft, neben Döbbelin auch Briest und Welle. Das in Vorpommern liegende Schloss Karlsburg, bis 1945 im Besitz der Familie Bismarck-Bohlen, gehört heute dem Land Mecklenburg/Vorpommern und wird von der Universität Greifswald verwaltet. Die Nachfahren der einzelnen Familienzweige treffen sich wieder in der Altmark, auch mit den verschwisterten und verschwägerten Familien. Mit den Schulenburgs, den Alvensleben, den Jagows oder den Kattes und Engelbrechten besteht wieder reger Kontakt.

In der Nähe des Teiches befindet sich eine Gedenkstätte der Familie, die nun in der 19. und 20. Generation das Schloss bewohnt.

Die 19. Generation
in der Verantwortung

IVB – der Entwurf zu dem Treppengeländer und dem Medaillon mit den Initialen der Schlossherrin Irina von Bismarck entstand in Zusammenarbeit mit dem Kunstschmied.

Der Zusammenhalt der Familie war eigentlich nie verloren gegangen. Schon relativ früh nach dem Zweiten Weltkrieg wurden wieder Familientage abgehalten. 1994 traf man sich erstmals wieder in der Altmark, in Stendal. Das Stammbuch des »altmärkisch-uradligen Geschlechts von 1200 bis 1900«, um die Jahrhundertwende von Valentin von Bismarck herausgegeben, umfasste 480 Namen, 1928 waren es 552 und in dem erweiterten Neudruck ein knappes halbes Jahrhundert später 680 Namen. Derzeit sind es über 800. Der Familienverband trifft sich alle zwei Jahre. Mehr als 300 Mitglieder gehören ihm momentan an. Sie kommen aus allen Teilen der Welt. Vorsitzender ist derzeit Ernst von Bismarck aus der Linie Schönhausen I - Kniephof. Was sie vereint, ist das Wappen: ein Kleeblatt, aus dessen Winkeln drei Blattzweige der Eiche hervorgehen.

Das älteste urkundlich nachgewiesene Wappen des »schlossgesessenen-ritterlichen« Geschlechts wurde von Nikolaus I. (Klaus) von Bismarck geführt. Neben dem Reichskanzler ist dieser Bismarck aus dem 14. Jahrhundert (1307 – 1377) wohl der bedeutendste Vertreter des Geschlechts gewesen. In seine Zeit fällt die Belehnung mit Döbbelin am 8. März 1344.

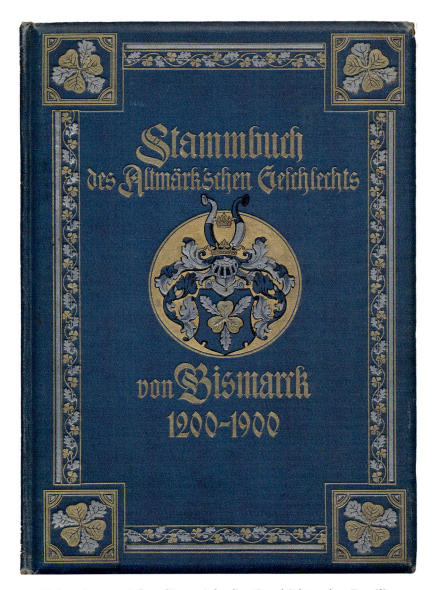

Mehr als 800 Jahre lässt sich die Geschichte der Familie Bismarck inzwischen zurückverfolgen. Heute kümmert sich Rule von Bismarck aus der Linie Briest um die Pflege der Tradition.

LXIV. Markgraf Ludwig verleiht den Bürgern Bismark zu Stendal einen Antheil am Dorfe Döbelin, am 8. März 1344.

Nouerint etc. Quod nos etc. Contulimus et presentibus conferimus Discretis viris nycolao, Ruloni, Cristano et Johanni, fratribus, dictis Bysmark, ciuitatis nostre Stendal ciuibus, fidelibus nostris dilectis ipsorumque etc. in villa dobelin VII frustacum V solidis denariorum brandenburgensium annuorum reddituum sita cum supremo iudicio et infimo necnon cum singulis et vniuersis pertinenciis dictis VII frustis cum V solidis debite vel ex iure pertinentibus, sub modis, formis et condicionibus iuribus, commodis, graciis et honoribus, quibus prenotatos redditus habuimus sine inquietatione qualibet pacifice seu quiete perpetuis temporum cursibus possidenda. In cuius Testes Tek, Swartzburg, busener, pincerna, magister coquine, helbe, hasso senior et ger. wolf. Datum Stendal, anno domini M°. CCC°. XLIIII., feria II. post Oculi mei semper ad dominum.

Nach dem Copialbuche der Vogtei Arneburg Nr. CXLV.

In der lateinischen Belehnungsurkunde hat Ludwig, der »Brandenburger«, wie folgt verfügt:

Es sollen wissen usw. Weil wir usw. Wir haben verliehen und verleihen in ihrer Gegenwart den erlauchten Herren Nikolaus, Rulo, Christian und Johannes, Brüdern, die Bysmark genannt werden, Bürgern unserer Stadt Stendal, unseren geliebten Getreuen sowie deren usw. sieben Stücke, die mit fünf Solidi brandenburgischer Denare an jährlichen Einkünften in dem Dorf Dobelin gelegen sind, mit den Hoch- und Niedergericht sowie mit den einzelnen und sämtlichen Anhängseln, die zu den genannten sieben Stücken mit den fünf Solidi geschuldeterweise oder von Rechts wegen hinzugehören, und zwar gemäß den Arten, Weisen und Bedingungen sowie den Rechten, Vorteilen, Gunsterweisen und Ehren, gemäß denen wir meinten, dass die eben genannten Einkünfte ohne irgendeine Störung friedlich oder in Ruhe für immerwährende Zeiten besessen werden sollten. Zeugen dafür sind Tek, Swartzburg, Hufener, Mundschenk und Küchenmeister, Helbe, Hasso der Ältere und Gerwolf. Gegeben zu Stendal im Jahre des Herrn 1344 am zweiten Wochentag nach Oculi mei semper ad dominum.

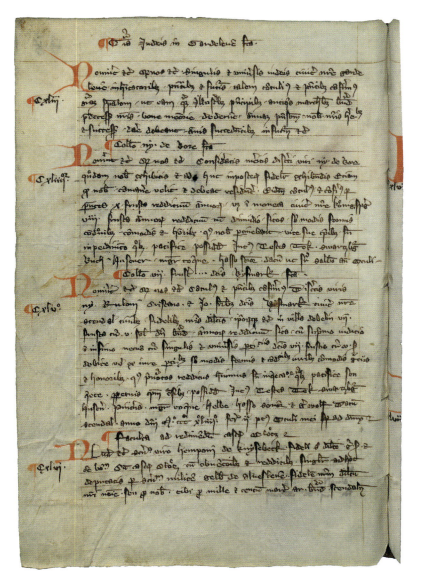

Am 8. März 1344 wurden die Bismarcks durch den brandenburgischen Markgrafen Ludwig I. zu Stendal mit einem Anteil am Dorfe Döbbelin belehnt, wie die Abschrift der Urkunde aus dem Copialbuch von Arneburg belegt. Die Urkunde wird heute im Geheimen Staatsarchiv in Berlin verwahrt.

Dies ist der älteste Besitz des Geschlechts und – was noch wichtiger werden sollte – ein Jahr später, 1345, wurde die Familie mit dem südlich von Stendal gelegenen Schloss Burgstall belehnt, zu dem ein umfangreicher Besitz an Ackerland und Forsten zählte. Klaus von Bismarck hat die Politik seiner Heimat entscheidend mitgeprägt, zuerst in Stendal, dann als Kanzler der Mark Brandenburg und schließlich als Stiftshauptmann des Erzstiftes Magdeburg. Die preußischen Historiker des ausgehenden 19. Jahrhunderts fanden seine Persönlichkeit so wichtig, dass sie ihn in die ehemalige Berliner Siegesallee mit aufgenommen haben, als Nebenfigur zum zentralen Standbild Kaiser Karls IV. (1316 – 1378). Heute steht die Figur mit vielen anderen ausrangiert in der Ausstellung der Zitadelle Spandau.

Die Bismarcks verfügten über großen Einfluss in Stendal und haben ihr nicht unerhebliches Einkommen regelmäßig in Grundbesitz angelegt. Der erste urkundlich nachgewiesene Vorfahre ist der 1280 verstorbene Herbordus von Bismarck. Fast ein Jahrhundert später ist Klaus von Bismarck gestorben.

Stammvater aller heute lebenden Bismarcks ist Friedrich I. von Bismarck (1513 – 1589). Er war der Permutator, der Vertauscher, der im Jahr 1562 die Verhandlungen mit dem Brandenburgischen Kurprinzen über den Tausch von Burgstall gegen die Güter Krevese und Schönhausen geführt hatte. Nach seinem Tode wurden die Güter unter seinen Söhnen aufgeteilt. Ludolf IV. (1541 – 1590), vierfacher Urgroßvater des Reichskanzlers, wurde Stammvater des Hauses Schönhausen,

Dem mehr als 300 Mitglieder zählenden Familienverband steht heute Ernst von Bismarck aus der Linie Schönhausen vor. Die Bismarcks haben im Laufe der Jahrhunderte einige Güter und Schlösser in der Mark und auch darüber hinaus erworben, etwa in Pommern, wo der Reichskanzler Otto von Bismarck sich oft monatelang fern der Hauptstadt in der »doktorlosen Einsamkeit« seines Gutes Varzin aufhielt. Geboren wurde der bedeutendste Vertreter des Geschlechts am 1. April 1815 in Schönhausen an der Elbe, das von 1562 bis 1945 im Besitz der Bismarcks war.

Pantaleon II. (1539 – 1604), Stammvater der älteren Linie Krevese, die sich dann nach dem Tode seines Urenkels Christoph Georg von Bismarck (1667 – 1730) in die Linien Krevese, Briest und Döbbelin aufteilte.

Stammvater der Döbbeliner Linie ist Hans Christoph III. (1704 – 1773). Sein fünffacher Urenkel ist der derzeitige Chef der Döbbeliner Linie, Alexander von Bismarck (geb. 1951). Aufgewachsen im Herzogtum Lauenburg, unweit der Zonengrenze, die für ihn immer eine »Todesgrenze« war, hat er sich schon früh politisch in der Jungen Union engagiert, als Kreisvorsitzender für das Herzogtum Lauenburg und als Mitglied des Landesvorstandes Schleswig-Holstein. Fünf Jahre war er politischer Mitarbeiter des CDU-Bundestagsabgeordneten und Vorsitzenden des Innerdeutschen Ausschusses im Bundestag, Olaf von Wrangel. 1979 organisierte er den Wahlkampf zur ersten Direktwahl zum Europäischen Parlament in Schleswig-Holstein. Auch nach der Wende war er in der wiedergewonnenen Heimat, der Altmark, für die CDU tätig.

Nach Abitur und Banklehre in Hamburg (Warburg) hatte von Bismarck einige Semester Jura in Kiel studiert, um sich dann allerdings unternehmerisch zu engagieren.

Der Gutsherr trug Verantwortung für das Gemeinwesen. Diese Verantwortung spürt auch der nach Döbbelin zurückgekehrte Alexander von Bismarck. Dem neuen Schlossherrn liegt der Wiederaufbau des Familiengutes sehr am Herzen, aber er engagiert sich ebenso für Kirche, Gemeinde und Kulturleben. Von 1998 bis 2010 war er Vorsitzender des Gemeindekirchenrats, seit der Jahrhundertwende ist er Vorsitzender der Deutschen Gesellschaft in Sachsen-Anhalt zur Förderung des Kulturerbes und der Denkmalpflege.

Der Altmärker

Neue Stadträte: Alexander von Bismarck

Entscheidungsträger, nicht Bedenkenträger

Stendal (dsc). Am Montag zogen 13 neue Mitglieder in den Stendaler Stadtrat ein, die in den zurückliegenden Wochen von den Ortschaftsräten der neuen Ortsteile gewählt wurden. Die Volksstimme stellt die Neuen in einer Serie vor.

Alexander von Bismarck wurde vom Ortschaftsrat Insel in den Stadtrat gewählt. Er sieht in seiner Aufgabe als Ratsmitglied die Verantwortung für die gesamte Stadt. „Ich hoffe, dass die einzelnen Stadtratsmitglieder aus den Orten nicht nur ihren Ort sehen", sagt der 59-Jährige. Für die Zukunft sei dies sehr wichtig, gerade in Zeiten, in denen die Kassen knapper würden.

Als Parlamentarier möchte von Bismarck schnell und unkompliziert Entscheidungen treffen. Dies erhofft er sich auch von den anderen im Gremium. Er fordert von ihnen: „Entscheidungsträger, nicht Bedenkenträger" zu sein.

Alexander von Bismarck

Alexander von Bismarck schloss sich während der Sitzung als CDU-Angehöriger der CDU-Fraktion des Stadtrates an. Der Döbbeliner ist verheiratet und hat vier Kinder.

Der gelernte Bankkaufmann handelt heute mit Weihnachtsartikeln. Derzeit ist er kommissarischer Ortsbürgermeister in Insel, Döbbelin und Tornau.

Anregung hierzu brachte ein Aufenthalt im winterlichen Schweden, wo das Weihnachtsfest noch sehr traditionell gefeiert wurde und auch noch wird. In fast jedem Fenster entdeckte er neben Adventssternen und Kerzen Stimmungsleuchten. Deutschland war hier noch »Entwicklungsland« – für den jungen Unternehmer ein riesiger, noch längst nicht erschlossener Markt! Zuerst arbeitete er mit einem schwedischen Hersteller zusammen, seit den frühen 80er Jahren mit dem holländischen Unternehmen Kaemingk. Er ist mit seinem Bruder Georg-Friedrich (genannt Knöppi) für den Vertrieb in Deutschland, Österreich, Russland und den übrigen GUS-Staaten zuständig. Seine Ehefrau Irina, geboren in St. Petersburg, leitet die Abteilung Verkauf Russland und GUS-Staaten.

Mit Irina ist Alexander von Bismarck seit 1999 verheiratet. Zwei Söhne entstammen dieser Ehe, eine Tochter und ein Sohn aus der vorherigen. Irinas Vorfahren stammen aus Serbien, die Anfang des 19. Jahrhunderts nach St. Petersburg gekommen waren. Als Bauunternehmer hatten sie sich schon bald einen Namen gemacht und die Oktoberrevolution und die anschließenden Jahre des Terrors in der Sowjetunion unbeschadet überstanden. Mit Kriegsbeginn 1941 begann für die Familien dann die schwere Zeit. Beide Großväter wurden als »Volksschädlinge« hingerichtet, obwohl einer von ihnen sogar überzeugter Kommunist war. Irinas Familie lebte nach dem Krieg daher sehr zurückgezogen. Beide Elternteile waren Bauingenieure, die Mutter arbeitete in der Chemischen Industrie, der Vater war beim Leningrader U-Bahnbau beschäftigt.

Ihre Kindheit schildert Irina als glücklich und unbeschwert. Bildung wurde in der Familie großgeschrieben. Schon mit fünf Jahren fing sie an, Geige zu spielen, ein

Lokale Verbundenheit einerseits und europaweite kaufmännische Tätigkeit andererseits treffen zum ersten Mal in der Geschichte der Döbbeliner Bismarcks aufeinander. Die Schlossherrin, die in St. Petersburg geborene Irina Kuznetsova, ist Alexanders wichtigste Stütze, und sie ist die Seele des Döbbeliner Hauses.

Nach dem frühen Tod der Mutter Maria (1932–1987), die sich sehr in der Ausbildung ihrer Kinder engagierte, musste Irinas Vater diese Aufgabe allein bewältigen. Irina wurde am St. Petersburger Konservatorium zur Bratschistin ausgebildet. Bis zur Geburt ihrer Kinder war die international renommierte Orchestermusikerin in der Welt unterwegs. Rudolf Kuznetsov (*1931) lebt nach wie vor in St. Petersburg und freut sich, dass sich seine Enkel Armin und Julius, die ihn oft besuchen, mit ihm auf Russisch unterhalten können.

Irinas großes Vorbild ist der 2007 verstorbene Mstislaw Rostropowitsch, einer der bedeutendsten Cellisten der Geschichte. Er nahm sich sehr viel Zeit für die jungen Musiker, und Irina hatte das Glück, sehr oft mit ihm musizieren und sich ausführlich mit ihm austauschen zu können.

Jahr später auch Klavier. Mit 13 entschloss sie sich, Musik zu ihrem Beruf zu machen. Sechs Jahre später wurde sie Studentin am Leningrader Konservatorium, dem ältesten Russlands. Hier hatten Tschaikowsky, Prokofiev und Schostakowitsch, Jascha Heifetz und Arthur Rubinstein und in neuerer Zeit die Opernsängerinnen Borodina und Netrebko studiert. 1991 wurde sie Bratschistin in der Petersburger Philharmonie unter der Leitung von Juri Temirkanov. Schon bald reiste sie ins westliche Ausland und wurde Solobratschistin der von Justus Frantz geleiteten »Philharmonie der Nationen«. Hier lernte sie auch ihren jetzigen Mann kennen.

Doch schon bald musste sie eine Entscheidung treffen: Ehe und Mutter sowie Mitarbeit im Unternehmen des Mannes ließen sich schwerlich mit der Tätigkeit in einem Orchester vereinbaren, das jährlich mehr als 250 Konzerte in allen Teilen der Welt gibt. 1998 verließ sie daher das Orchester. Mit Kindern müsse man ständig im Gespräch bleiben, ist ihr Credo, und ihr Vorbild ist der weltberühmte, 2007 verstorbene Cellist, Dirigent und Komponist Mstislaw Rostropowitsch. Er hatte immer Zeit für junge Musiker und war zudem ein viel bewunderter Kämpfer für Demokratie und Menschenrechte in aller Welt. Mit seinem Engagement für den ausgebürgerten Alexander Solschenizyn war er in Moskau in Ungnade gefallen und in Deutschland sollte man sich daran erinnern, dass Rostropowitsch es war, der am 11. November 1989, also zwei Tage nach dem Fall der Mauer, am Checkpoint Charlie ein Konzert gegeben hatte.

Das Ehepaar Irina und Alexander mit den Kindern Sebastian und Vanessa aus der vorigen Ehe Alexanders und den gemeinsamen Söhnen Armin und Julius, die in Stendal zur Schule gehen.

Die Herkunft der Bismarcks

Seit 1991 sind die Bismarcks wieder in Döbbelin. Im 14. Jahrhundert, also zur Zeit ihrer Belehnung, besaßen sie freilich nur Teile des Ritterguts. Mit einzelnen Gehöften waren mehrere Familien belehnt. Nicht nur die Bismarcks bezogen daher Einkünfte aus Döbbelin, sondern auch die Familien von Rundstedt, von Angern, von Lüderitz, von Kitzling, von Schwechten, von Köckte und von Quitzow. Erst 1644 gelang es den Bismarcks, das Rittergut vollständig zu erwerben. Das altmärkische Straßendorf liegt an der alten Handelsstraße, der heutigen B 188, die westwärts nach Gardelegen und dann weiter nach Wolfsburg, Braunschweig und Hannover führt. Zur östlich gelegenen Kreisstadt Stendal sind es sechs Kilometer. Urkundlich lässt sich der Ort bis ins Jahr 1160 zurückverfolgen. Da die Böden sehr ertragreich sind, war diese Gegend schon früh besiedelt gewesen. Die zu den Slawen zählenden Wenden hatten sich hier zwischen 800 und 1000 niedergelassen. Der Name weist auf die slawische Wurzel »dub«, also »Eiche« hin, »dubljani« sind dann die »Leute vom Eichwald«. Dass der Raum aber schon in der Frühzeit nicht menschenleer gewesen war, beweisen steinerne Zeugen. Im altmärkischen Museum von Stendal befindet sich ein Tongefäß aus einer Döbbeliner Kiesgrube, dessen Alter Historiker auf 5500 Jahre, also dem Neolithikum, der Jungsteinzeit, datieren.

Als die Bismarcks nach Döbbelin kamen, sah es dort noch anders aus. Sie ließen sich nieder in einer Region, die – zu unrecht – als »des Heiligen Römischen Reiches Streusandbüchse« verschrien war. Dieses abträgliche Urteil wurde erst im 19. Jahrhundert revidiert, als der große Dichter Theodor Fontane Wanderungen durch die Mark Brandenburg unternahm und die Schönheit dieser Region weiten Kreisen bekannt machte.

Die Besiedlung durch die Wenden war allerdings sehr dünn. Seit dem 12. Jahrhundert waren daher aus dem Westen im Zuge von Ostkolonisation und Christianisierung deutsche Siedler in das Land gekommen. Adlige Herren und ihre Gefolgsleute waren unter den ersten. Sie stießen anfangs auf erheblichen Widerstand, konnten diesen jedoch mit der Zeit brechen. Die Slawen wichen der Übermacht aus, viele arrangierten sich allerdings mit den Neuankömmlingen, nahmen den christlichen Glauben an, akzeptierten die neuen Rechtsnormen. Zahlreiche slawische Adlige traten sogar in markgräfliche Dienste. Die Askanier hatten schon unter Albrecht dem Bären zudem ganz zielbewusst deutsche Siedler ins Land geholt und auch Städte gegründet. So hatte Stendal – als »Steinedal« erstmals im Jahre 1022 als Besitz des Michaelisklosters im Bistum Hildesheim genannt – 1160 das Marktrecht nach Magdeburger Stadtrecht erhalten.

Wie es sich gehört, befindet sich in Döbbelin gleich neben dem Schloss die Patronatskirche, die aus dem 12. Jahrhundert stammt. Schon Nikolaus von Bismarck, seit 1344 Besitzer eines Anteils am Dorf, dürfte hier den Gottesdienst besucht haben. Der rechteckige Feldsteinbau besteht aus Turm und Schiff, das 1747 von Hans Christoph III. von Bismarck (1704–1773), dem Bauherrn des Schlosses, um wenige Meter verlängert wurde. Hier haben viele Bismarcks ihre letzte Ruhestätte gefunden. Die Erste war 1741 die Bauherrin des Schlosses, Maria von Jagow, der bisher Letzte 2008 Hans-Joachim von Bismarck, der Vater des jetzigen Schlossherrn.

Auf Hans Christoph geht auch der Anbau der Patronatsloge zurück, die inzwischen zur Trauerfeierhalle ausgebaut wurde, er hat der Kirche eine neue Haube gegeben, eine Glocke gestiftet und unterhalb des Fachwerkturms die Familiengruft neu hergerichtet, in der seine erste Frau Maria, geborene von Jagow, 1741 mit nur 36 Jahren ihre »ewige Schlafkammer« gefunden hatte. Zwanzig Vorfahren der heutigen Bismarcks sind ihr gefolgt. Die Kirche enthält überdies eine Rarität: ein von einem unbekannten Meister geschnitzter Taufengel mit Taufschale. Seit Mitte des 18. Jahrhunderts wird er bei Taufen von Hand ins Kirchenschiff herabgelassen.

1999 wurde die Patronatsloge zu einer größeren Trauerfeierhalle erweitert. Sie enthält zwei neu gestaltete Kirchenfenster, gestiftet von Alexander und seiner Frau Irina, die mit dem Bismarck'schen Familienpastor Hans Jochen Arp aus Aumühle die Gestaltungsideen ausgearbeitet hat.

1747 bezieht sich auf das Jahr, in dem der Anbau der Patronatsloge erfolgte, 1999 auf die Umgestaltung der Loge in eine Trauerfeierhalle für die gesamte Gemeinde.

Im Jahr 1937 hatte Gertrud Freifrau von Nordeck, geb. von Bismarck, damalige Schlossherrin in Döbbelin, die Gruft zumauern lassen, gut 60 Jahre später, im Mai 1998, hat ihr Großneffe Alexander sie wieder geöffnet. Er stehe in der Verantwortung, seine Vorfahren wieder in eine würdige Ruhestätte zu betten, lautet seine Begründung. Das Foto zeigt Alexander mit seinem Sohn Sebastian bei der Öffnung der Gruft im Jahr 1998.

Die Gruft wurde renoviert. Die Familienwappen, oft als Allianzwappen gestaltet, waren noch gut lesbar. So hatten sich die Bismarcks mit den Familien von Jagow, von Katte, von Eimbeck, von der Groeben und von der Schulenburg verbunden. Aus den Kirchenbüchern wurden 19 Namen ermittelt. Im Jahre 2008 hat auch Alexanders Vater, Hans-Joachim von Bismarck (1920 – 2008), hier seine letzte Ruhe gefunden.

Doch woher stammen die Bismarcks, die im weiteren Verlauf der Geschichte der Altmark eine so große Rolle spielen sollten? Ihre Herkunft ist nicht ganz geklärt. Aus Ungarn, wie einige Quellen vermuten, sicherlich nicht. Mehr ist schon einer Chronik aus dem 16. Jahrhundert zu trauen, die den Ursprung des Geschlechts in Böhmen vermutet. Danach soll Karl der Große – also schon weit vor der Ostkolonisation, nämlich im 8. Jahrhundert – die Bismarcks in die Altmark gerufen haben. Hier haben sie dann an der Biese eine Burg errichtet, aus der das jetzige nordwestlich von Stendal gelegene Bismark hervorgegangen sein soll.

Die adligen Herren waren als Gefolgsleute in der Regel vom König mit Grund und Boden belehnt worden. Die Zeiten waren jedoch unsicher. Um finanziell zurechtzukommen, musste der Herr eine große Anzahl abhängiger Bauern beschäftigen. Denn nur wer über die notwendigen Mittel verfügte, konnte sich selbst Gefolgsleute leisten. Im Frieden beherrschte der Herr von seinem Hof aus das Land, in Kriegszeiten saßen er und seine Mannen auf der Burg, die auch als Fluchtburg für die von ihm abhängigen Leute diente. Die Burg mit Mauer und Graben ist ein Charakteristikum für das europäische Mittelalter – sie ist Mittelpunkt und Fundament der Herrschaft.

Döbbelin (im Vordergrund) ist ein typisch märkisches Straßendorf. Gleich hinter den Häusern beginnen die Äcker. Die heutige Aufteilung der Fluren ist ein Produkt der sozialistischen Bodenreform. Was damals ein schmerzhafter Prozess war, hat heute auch seine Vorteile, denn die ausgedehnten Felder lassen sich mit großen Maschinen viel leichter bewirtschaften.

Der erste urkundliche Nachweis

Die Bismarcks sind in ihrer angestammten Heimat wieder angekommen und ihre Schlösser, Kirchen und Parks fördern das Image der Altmark in nicht unerheblichem Maße. Nicht von ungefähr trägt eine aktuelle Broschüre des Tourismusverbandes Altmark den Titel »Bismarck's Land – Ein Reiseverführer«. Eine enge Verbindung zwischen den Bismarcks und der Region hatte schon immer bestanden. Schließlich enthält das Wappen des Landkreises Stendal auch jenes der Bismarcks.

Offenbar hat es die Bismarcks schon bald in die Stadt gezogen. Mitte des 12. Jahrhunderts, so wollen es Chroniken wissen, gehörten sie zu den Burgmannen der vormaligen Burg Stendalia und waren wohl auch, nachdem Stendal das Stadtrecht erhalten hatte, als Patrizier dort verblieben. Urkundlich lassen sich die Bismarcks allerdings erst ein Jahrhundert später nachweisen, nämlich im Jahr 1270. Es handelte sich um den bereits erwähnten »Herbordus de Bismarck«, der als Stadtschultheiß von Stendal, als Ratmann und »Aldermann« der Gewandschneidergilde bezeichnet wird. Dieser Gilde gehörten keineswegs Schneider oder Tuchkrämer an, wie man vermuten könnte. Es waren vielmehr Großkaufleute, die sich im Besitz der vollen Bürgerrechte befanden und zudem privilegiert waren, sämtliche Handelsgeschäfte abzuwickeln.

So gaben die Bismarcks lange Zeit in der Stadt den Ton an: Zwischen 1283 und 1345 saßen acht ihrer Vertreter im Stadtrat, zwölf von ihnen in der Gewandschneidergilde. Die Mitgliedschaft hier wurde immer begehrter. Wer in Stendal etwas auf sich hielt, trachtete danach, ihr beizutreten. Rule (Rudolf) von Bismarck (1280 – 1340) versuchte daher als Gildemeister mit strengen Aufnahmebedingungen diesen Ansturm zu steuern.

Die Grenzen zwischen bürgerlicher Oberschicht und ritterlichem Adel waren damals noch wenig ausgeprägt. Dieser verlor keineswegs seinen adligen Rang, wenn er seinen Wohnsitz in die Stadt verlegte.

Doch die Spannungen zwischen beiden Gruppen nahmen mit der Zeit zu. Man stieß sich daran, dass die vermögenden Patrizier die Schlüsselpositionen in der Stadt praktisch unter sich aufteilten und steuerliche Vorteile genossen, besonders wenn sie außerhalb der Stadt Lehngüter besaßen. An der Frage der Bildung sollte sich schon bald ein handfester Streit entzünden. Nicht nur in Stendal, auch in den meisten deutschen Städten hatte die Kirche ein Monopol auf Bildung und Ausbildung. So vermittelte die Domschule von St. Nikolai in Stendal ausschließlich kirchliches Wissen. Für die Vorbereitung der jungen Patrizier auf ihre künftige Tätigkeit in Gewerbe und Handel war dies jedoch völlig unzureichend.

Das städtische Patriziat gründete daher 1338 eine eigene Schule, was sofort die Kirche auf den Plan rief. Ratsherren und Gildemitgliedern wurde die Exkommunikation angedroht, die dann auch vom Papst ausgesprochen wurde. Ihnen wurde zudem untersagt, Kirchen und geweihte Orte zu betreten. Unter den namentlich aufgeführten Stadträten befand sich auch Rudolf von Bismarck (1280– 1340). Die geistlichen Herren verstanden es zudem, die ohnehin schon unzufriedenen Städter auf ihre Seite zu ziehen. Die Patrizier ließen sich dadurch aber nicht umstimmen. Man blieb unbeugsam, nicht zuletzt, weil man auf den Sieg der antipäpstlichen Kräfte setzte. Die Kurfürsten hatten nämlich im gleichen Jahr beim Kurverein zu Rhens beschlossen, dem Papst das Mitspracherecht bei weltlichen Angelegenheiten, etwa der Königswahl, zu nehmen.

Zu DDR-Zeiten war die Altmark alles andere als ein Touristenziel gewesen. Weite Teile des Landes zwischen Elbe und Havel gehörten zum Grenzgebiet. Reisen in diese Regionen waren unerwünscht. Nach der Wende hat sich Alexander von Bismarck bei der touristischen Erschließung der Region sehr engagiert. Auf ihn geht die Idee zurück, eine »Bismarck-Route« einzurichten, welche die Touristen zu den einzelnen Sehenswürdigkeiten führt. Tausende Besucher hat er mit dem »Tag des offenen Schlosses« nach Döbbelin geholt, und sie kamen nicht nur aus der Region, sondern aus ganz Deutschland.

Klaus von Bismarck und seine Zeit

Rudolf von Bismarck, im Streit mit der Kirche an vorderster Front, starb 1340 als Exkommunizierter. Der Rat bestellte daraufhin seinen Sohn Nikolaus I. (Klaus) von Bismarck (1307 – 1377) zum Nachfolger. Damit betritt der neben dem Reichskanzler wohl bedeutendste Bismarck die politische Bühne. Der Bismarck-Biograf Ernst Engelberg charakterisierte ihn als einen für seine Zeit überaus wendigen Geldmann und Diplomaten. »Durch wohldosierte Opfer und Zugeständnisse mehrte er seinen Wohlstand und Einfluss. Er verstand es mehr als jeder andere im Stadtrat Stendals, im Streit um feudale Herrschaftsrechte Geschäft und Politik miteinander zu verquicken.«

Doch bevor wir auf das Wirken Klaus von Bismarcks eingehen – einige Worte zu seiner Zeit. Das 14. Jahrhundert ist eine Zeit großer Wirren und gesellschaftlicher Umbrüche. Die Kirche kämpft mit den weltlichen Mächten um die Vorherrschaft. Im Westen des Kontinents kommt es zu Aufständen der Bauern, die sich gegen die Grundherrschaft auflehnen. Zugleich überschwemmt die große Pest, vom Schwarzen Meer und Italien kommend, Europa. Auch die Altmark bleibt davon nicht verschont. Die Menschen sind religiös erregt. Endzeitstimmung macht sich breit. Geißler und Flagellanten schüren Ängste, die von den Menschen nur zu begierig aufgenommen werden. Es kommt zu Ausschreitungen. Besonders die Juden sind das Ziel der Aggressionen. »Es war eine böse Welt«, kennzeichnet Johan Huizinga in seinem berühmten Werk »Herbst des Mittelalters« die Stimmung. »Das Feuer des Hasses lodert hoch empor, das Unrecht ist mächtig«, die Menschheit erwarte »das Ende aller Dinge«.

Siegel aus der Zeit des Nikolaus von Bismarck (1307–1377) mit dem Stammwappen der Bismarcks: das mit drei Eichenblättern besteckte dreiblättrige Kleeblatt.

Besonders wirre Verhältnisse herrschten in der Altmark. 1319 war der letzte Askanier Woldemar gestorben. Seine Nachbarn versuchten, aus der nun ständig wachsenden Rechtlosigkeit und politischen Unsicherheit Kapital zu schlagen. König Ludwig der Bayer, bald auch Deutscher Kaiser, hatte Brandenburg 1323 zum erledigten Reichslehen erklärt und die Herrschaft dort seinem siebenjährigen Sohn Ludwig übertragen. Nur schwer vermochte dieser, anfangs noch unter Vormundschaft stehend, Fuß zu fassen. In der Altmark beispielsweise hatte er mit Herzog Otto von Braunschweig und dem Erzbischof von Magdeburg besonders mächtige Gegner.

Rudolf von Bismarck musste als Beauftragter des Stadtrats zwischen den Parteien lavieren. Sein Sohn Klaus erwies sich erfolgreicher. Schon bald nach dem Tode des Vaters setzte er auf den jungen Markgrafen und versorgte diesen mit reichlich Geld im Kampf gegen Otto von Braunschweig.

Die Döbbeliner Familie mit dem Chef des Hauses, Alexander von Bismarck, zu Besuch beim Vorfahren Klaus, dem ersten Besitzer von Döbbelin (1344).

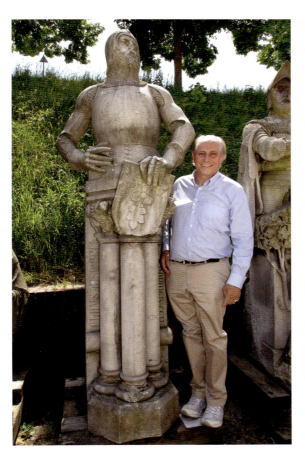

Dem Ahnherrn Nikolaus von Bismarck hatte die Familie neben Döbbelin den Besitz der Güter Burgstall und Briest zu verdanken, die ihnen wegen besonderer Leistungen des tüchtigen Nikolaus im Verwaltungsdienst im Jahr 1345 vom brandenburgischen Kurfürsten verliehen wurden. Der Bismarck-Biograf Ernst Engelberg hat über Nikolaus geschrieben, »seine Art, Politik und Geschäft miteinander zu verbinden [lag] über dem zeitgenössischen Durchschnitt. Er war wendungsreich in seinem Handeln, aber nicht charakterlos.« Das Standbild gehörte einst zu der berühmten Siegesallee im Berliner Tiergarten. Heute findet man es in einer Ausstellung der Zitadelle Spandau in Berlin, wo die Döbbeliner Nachfahren ihm einen Besuch abstatteten.

Bismarck Döbbelin

An dem Ausflug zur Zitadelle Spandau haben Alexander und Irina mit der ganzen Familie, Alexanders jüngerer Bruder Knöppi mit seiner Frau Alexandra und seinen Söhnen Louis und Leonard teilgenommen – sowie die mit neunzig Jahren noch sehr rüstige Tante Pippe mit ihrem Hund Cherry.

Dass Ludwig 1343 den Braunschweiger Herzog auf der Gardelegener Heide besiegen konnte, hat er nicht zuletzt diesem Bismarck zu verdanken. Markgraf Ludwig revanchierte sich. Im Juni 1345 belehnte er den Stendaler Patrizier zusammen mit seinen Brüdern mit dem in der Letzlinger Heide gelegenen Schloss Burgstall – für die Bismarcks eine gute Einnahmequelle.

Zudem zählten sie nun neben den Schulenburgs, Alvenslebens, Jagows, Knesebecks Bartenslebens und Schenckens zu den »schlossgesessenen« Geschlechtern der Altmark. Sie sind von nun an eingebunden in die ständischen Rechte und Pflichten des Adels. Die Entfremdung zum bürgerlichen Patriziat beginnt. Die Grundherrschaft bildet jetzt für Jahrhunderte die Existenzgrundlage der Bismarcks.

Ob die ohnehin schon gegen den Stadtrat aufgebrachten Bürger Stendals diese Erhöhung der Bismarcks besonders provoziert haben dürfte, lässt sich durch Quellen nicht belegen. Aufgewiegelt durch den örtlichen Klerus rebellieren sie nämlich gegen ihren Rat, verhaften einige Ratsherren und vertreiben die vornehmsten Familien aus der Stadt, darunter auch die Bismarcks. Die Patrizier verlieren ihre Vorrechte, die Liegenschaften der Gewandschneidergilde werden eingezogen.

An diese Ereignisse sollte Otto von Bismarck mehr als fünf Jahrhunderte später den Magistrat von Stendal erinnern, als dieser ihm 1872 die Ehrenbürgerschaft verlieh. »Wenn meine Väter durch Unruhen vor 500 Jahren aus der Stadt vertrieben wurden«, heißt es in seinem Dankesschreiben, »so können diese geschichtlichen

Erinnerungen den Dank des Enkels nur erhöhen, der jetzt durch den einstimmigen Beschluss der Behörde wiederum Aufnahme in den uralten landsmännischen Verband findet«.

Der Triumph der Bürgerschaft dauert nicht lange. Schon bald beunruhigt der Tod Kaiser Ludwigs (1347) die Bürger Stendals aufs Neue. Denn sein Nachfolger, Karl IV., der Luxemburger, versucht mit allen Mitteln Brandenburg den Wittelsbachern wieder zu entreißen. Nichts war ihm zu schade, um dieses Ziel zu erreichen.

Als sich 1348 beim Magdeburger Erzbischof ein alter Mann meldete und sich, angeblich heimgekehrt von langer Pilgerfahrt, als jener 1319 verstorbene Markgraf Woldemar ausgab, bekräftigte der Kaiser mit fadenscheinigen Gründen die Echtheit der Ansprüche und belehnte den schon bald danach als »falschen Woldemar« verrufenen Abenteurer mit der Kurmark. Die Altmark wurde zudem dem Hochstift Magdeburg verpfändet, was wiederum die Städte auf den Plan rief, die nun um ihre Freiheit fürchteten.

Hilfe war nur von den vertriebenen Patriziern zu erwarten. So kam es schon bald wieder zu Verhandlungen und 1350 zu einem Vertrag zwischen beiden Parteien. Die Stadt erhielt finanzielle Mittel und die Vertriebenen durften in die Stadt zurückkehren. Klaus von Bismarck (1307 – 1377) soll sogar ein Jahr später eine Funktion als Hauptmann der Stendaler Armbrustschützen übernommen haben. Der geschickte Diplomat machte sich aber auch dem Landesherrn nützlich. Die Finanzlage des Markgrafen Ludwig war desaströs. Sie galt es zu ordnen.

Bismarck Döbbelin

URKUNDE

Im Namen der Hansestadt Stendal
ernenne ich

Herrn Alexander von Bismarck
geb. am 20.02.1951

unter Berufung in das Beamtenverhältnis
als Ehrenbeamter
zum

Ortsbürgermeister
des Stendaler
Ortsteiles Insel

Klaus Schmotz
Oberbürgermeister

Stendal, 01.11.2010

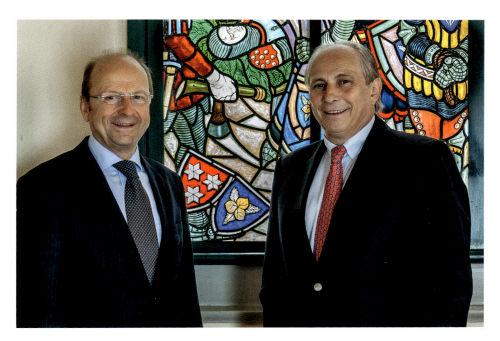

Alexander von Bismarck hat sich ganz in der Tradition seiner Vorfahren im Stendaler Gemeinwesen engagiert. Acht Jahre war er im Gemeinderat von Döbbelin, Tornau und Insel vertreten, zwischen 2010 und 2012 als deren Bürgermeister. Wie der erste Besitzer von Döbbelin vor 670 Jahren gehörte er dem Stadtrat von Stendal an, und er war – wie sein Vetter Gottfried aus Hamburg – Mitinitiator und Mitbegründer der »Altmärkischen Bürgerstiftung Hansestadt Stendal«. Das Bild zeigt ihn mit dem Stendaler Oberbürgermeister Klaus Schmotz vor dem Fenster im Rathaussaal mit dem Bismarck-Wappen.

In den nächsten Jahren bekleidete er die einflussreiche, wenn auch unbesoldete Stelle eines »dominus cancellarius«, eines Kanzler in der Altmark. Er begleitete seinen Herrn zum Reichstag nach Nürnberg, wusste aber auch geschickt seinen beträchtlichen Einfluss für die Mehrung des eigenen Reichtums zu nutzen.

Klaus von Bismarck hatte ein feines Gespür für die Machtverhältnisse. Der Stern der Wittelsbacher in Brandenburg begann zu sinken, weil Kaiser Karl IV. ihre Macht nach und nach begrenzte. Somit war er wahrscheinlich nicht unglücklich, wenige Jahre später die Seiten wechseln zu können. Er quittierte den Dienst bei den Wittelsbachern, um sich dem Luxemburger anzunähern. Dieser hatte 1361 – unter Umgehung päpstlicher Wünsche – einen seiner Vertrauten, den Kanzleibischof Dietrich, zum Erzbischof von Magdeburg ernannt. Dietrich von Portitz, ehemaliger Zögling der Stendaler Domschule, war ein naher Verwandter der Bismarcks. So wurde Klaus erzbischöflicher Stiftshauptmann und verantwortlich für den Staatshaushalt. Er beschaffte die Mittel – darunter wohl auch eigene – mit denen endlich nach 150 Jahren der Bau des Magdeburger Doms 1363 vollendet werden konnte. Als höchster Beamter des Erzstiftes Magdeburg hatte Klaus die Urkunden zur Einweihung am 22. Oktober 1363 gegengezeichnet. 500 Jahre später steht unter der Urkunde zur Säkularfeier im Jahr 1863 neben der Unterschrift des preußischen Königs Wilhelm der Name seines höchsten Beamten Otto von Bismarck.

Und als der Erzbischof vier Jahre später starb, betrachtete sich der Stiftshauptmann Klaus von Bismarck als Erbe. Hatte er nicht jahrelang seinen Verwandten mit eigenen Mitteln unterstützt? So gesehen fühlte er sich nur zu berechtigt, den bedeutenden Nachlass des Erzbischofs an sich zu nehmen. Ein mehrjähriger Rechtsstreit mit dem Erzstift überstand er ohne große Blessuren.

Die kommenden Jahre war er wieder für die Wittelsbacher tätig. Markgraf Otto übertrug ihm als Hofmeister das Finanzwesen. Mit viel Geschick hat er verloren gegangene Rechte und Länderbesitz für den Markgrafen zurückgewonnen. Mit der Herrschaft der Wittelsbacher in der Mark 1373 endete aber auch sein politisches Wirken. Er wohnte jetzt häufiger wieder in Stendal, wo er 1370 das vor dem Uenglinger-Tor gelegene Getrauden-Stift gründete, das nach seinem Willen heimatlose arme Kranke aufnehmen und verpflegen sollte. Zunächst wurde es aus Grundrenten unterhalten. 1647, kurz vor Ende des Dreißigjährigen Kriegs, trat die Familie von Bismarck als Patronatsherrschaft für den Wiederaufbau des im Krieg zerstörten Krankenhauses mit eigenem Geld ein. Bis in das 20. Jahrhundert hinein wurde es dann von den Besitzern der Rittergüter Döbbelin, Briest, Welle und Schönhausen unterhalten.

Die Bedeutung Burgstalls

Nach dem Tod Klaus von Bismarcks im Jahr 1377 war sechs Generationen lang Burgstall der Mittelpunkt der Familie. Das südlich von Tangerhütte gelegene Gut besaß reichlich Grund- und Waldbesitz, unter anderem in der Letzlinger Heide. Die Feste selbst muss auf Besucher großen Eindruck gemacht haben: Ein hoher Turm schützte die über den breiten Wallgraben führende Zugbrücke, die den Eingang zur Vorburg bildete. Innerhalb der Vorburg lag dann die innere Burgfeste, die nochmals von einem tiefen Graben eingeschlossen war. Die Ausmaße der Burg waren gewaltig. So konnte Klaus im Jahr 1370 hier den Erzbischof von Magdeburg und den Markgrafen Otto von Brandenburg mitsamt ihrem Gefolge unterbringen. Den Dreißigjährigen Krieg (1618 – 1648) hat das mächtige Anwesen allerdings nicht überdauert. Marodierende Truppen haben es vollständig zerstört und anschließend eingeäschert. Am Fuße der Burg liegt der Ort Burgstall an der Tanger. Die Forstverwaltung hatte hier ihren Sitz und zur DDR-Zeit unterhielt das Ministerium für Staatssicherheit im Ort eine Ausbildungsstätte an Schusswaffen.

Im Jahr 1562, nach gut zwei Jahrhunderten, ging die Bismarck-Zeit auf Burgstall zu Ende. Schon sieben Jahre zuvor hatte der jagdbegeisterte Kurprinz Johann Georg begehrliche Blicke auf die im Bismarck'schen Besitz befindlichen Teile in der Letzlinger Heide mit ihrem reichen Wildbestand geworfen. Noch mehr reizten Kurfürst und Kurprinz allerdings das Burgstaller Grenzgebiet zu Magdeburg, das sie unbedingt in ihre Hand bringen wollten. Anfangs versuchte die Familie noch zu verhandeln. Doch eine Politik der Nadelstiche mit Lockungen und Drohungen zermürbte sie letztlich. Der Kurprinz soll einige von ihnen zeitweise sogar wegen Ungehorsam gefangen gesetzt haben. Im Dezember

Betrachtet man diesen alten Stich, so ahnt man, dass Burgstall ein prächtiger Besitz gewesen sein muss. Leider blieb er den Bismarcks nicht erhalten. Der brandenburgische Kurfürst hatte ein Auge darauf geworfen, und da er der Landesherr war, blieb den Bismarcks am Ende nichts anderes übrig, als nachzugeben und sich auf den angebotenen Tausch gegen Schönhausen und Krevese einzulassen. Das war im Jahr 1562. Burgstall wurde vollständig verwüstet. Überdauert haben nur das Forsthaus und Teile der Wallanlage neben der Kirche. Heute steht in Letzlingen auf dem einstigen Bismarck'schen Besitz in der Colbitz-Letzlinger Heide ein Jagdschloss der Hohenzollern aus dem 19. Jahrhundert. Oft wurde Otto von Bismarck vom Kaiser dorthin zur Jagd eingeladen, aber so gerne er auch jagen ging, in Letzlingen war sein Vergnügen daran getrübt, denn er konnte nie verwinden, dass er hier Gast und nicht Gastgeber war.

1562 bestellte er die Bismarcks dann kurz entschlossen zu sich, um einen Vertrag mehr oder weniger zu diktieren. Auf Seiten der Familie führte Friedrich I. von Bismarck (1513 – 1589), später als »der Permutator« bezeichnet, die Verhandlungen.

Der Verlust von Burgstall bezeichnet das Ende einer Epoche in der Geschichte des Bismarck-Geschlechts. Zugleich ist es ein Neuanfang. Die beiden Vetternpaare gehen jetzt getrennte Wege. Der ältere Zweig erhält die Probstei Krevese bei Osterburg mit umliegenden Gütern und Dörfern, der jüngere östlich der Elbe das Gut Schönhausen mit Fischbeck unweit Tangermünde. Briest und Döbbelin bleiben weiterhin im Besitz der Familie. Die jüngere Linie stirbt aber schon in der ersten Generation im Mannesstamm aus. Schönhausen geht daher auf die ältere Linie in Krevese über.

Im Laufe der Jahrhunderte zweigen sich wieder neue Linien ab, so aus der älteren Kreveser Linie die Briester und die Döbbeliner und aus der jüngeren Schönhauser Linie Schönhausen I und II. Von Schönhausen I wiederum entstammen die Linien in Hinterpommern und Vorpommern Karlsburg (Bismarck-Bohlen).

Fast drei Jahrhunderte später sollte der sehr standesbewusste und mit einem langen Gedächtnis ausgestattete Reichskanzler Otto von Bismarck nochmals auf dieses Ereignis zurückkommen. Gegenüber dem Journalisten Moritz Busch sprach er vom »Butterbrot«, mit dem seine Vorfahren abgefunden worden seien, und kurz nach seiner Erhebung in den Fürstenstand im November 1871 vertraute er seinem Tagebuch

Friedrich von Bismarck (1513–1589), der Permutator, willigte in den Handel mit dem Kurfürsten Johann Georg von Brandenburg ein, Burgstall gegen Schönhausen und Krevese zu tauschen. Seine Grabplatte findet sich direkt vor dem Altar in der Kreveser Klosterkirche. Friedrich ist der Stammvater aller heute lebenden Bismarcks, die sich damals aufspalteten in die Linien Krevese, Briest, Döbbelin und Schönhausen.

nicht ohne Genugtuung an, dass seine Familie durch die Dotation mit Friedrichsruh wieder zu einem Grundbesitz gelangt sei, der wenigstens in räumlicher Ausdehnung den seit 300 Jahren von allen Mitgliedern der Familie »so schmerzlich empfundenen Verlust von Burgstall ersetzt«.

Die Bismarcks waren ein Opfer des sich nun überall abzeichnenden landesherrlichen Absolutismus geworden. Als adlige Grundherrn unterlagen auch sie jetzt dem alles entscheidenden Willen des Landesherrn, der nun zunehmend versuchte, die Gesellschaft in eine feste Standesordnung zu zwängen, alle Kräfte des Landes zu bündeln und die Verwaltung zu zentralisieren. Einige Familienmitglieder machten Karrieren beim Militär, andere in der Verwaltung, der überwiegende Teil – und die Döbbeliner fast ausschließlich – zogen sich auf ihre Güter zurück.

Hier wurden sie reichlich für den Verlust an Einfluss auf die Landespolitik entschädigt. Die Macht der Gutsherrschaft blieb nämlich weiterhin ungebrochen, Unzufriedenheit unter der Landbevölkerung wurde unterdrückt, zumal der Kurfürst seinen Adel gewähren ließ. Klagen wurden auf die lange Bank geschoben. Als die Bauern von Schönhausen sich einmal bei der höheren Instanz beschwerten, kam nach jahrelangem Hinhalten der Grundherr mit einer leichten Ermahnung davon.

Die Stammmutter aller heute lebenden Bismarcks ist Anna Sophia von Wenckstein (†1579), die Gemahlin des Permutators. Sie und ihre Schwägerin waren vom Kurfürsten im Burgstaller Vertrag mit »sechshundert Gulden Schlüsselgeld ›zur Beschwichtigung ihrer Wehklagen‹« bedacht worden, eine durchaus ungewöhnliche Verfügung. Friedrich und Anna Sophia hatten acht Kinder. Pantaleon II. (1539–1604), der Stammhalter (Bild rechts), nahm Anna von der Schulenburg (1556–1626) zur Gemahlin und hatte mit ihr ebenfalls acht Kinder. Auf Pantaleon folgte Christoph II. (1583–1655), der wiederum mit einer Tochter aus der Familie von der Schulenburg, nämlich Dorothea, vermählt war. Auch Christoph und Dorothea waren mit vielen Kindern gesegnet, nämlich elf. Doch von diesen haben nur wenige die Eltern überlebt, denn die Zeiten waren schlecht. Der Dreißigjährige Krieg und in seinem Gefolge Pest und Hungersnot verheerten das Land.

Zeit des Absolutismus

Die Furcht des Herrn
ist der Weißheit anfang
das ist eine feine Klugheit
wer darnnach thut; des Lob
bleibet in Ewigkeit. Ps: III, 12

1734

Das war kurz vor Ausbruch des Dreißigjährigen Krieges gewesen, der für Deutschland in einer Katastrophe endete. Der Friede von Münster und Osnabrück im Jahre 1648 hatte weitgehend zerstörte Städte und verwüstete Landschaften zurückgelassen und zu einer Verrohung der Sitten ohnegleichen geführt. Krankheiten und Seuchen machten sich breit. In Frankfurt an der Oder hatte die von verwesenden Leichen ausgelöste Seuche fast alle Gesunden dahingerafft. Die Schweden hatten die Pest nach Stettin und Spandau gebracht. Gute Ernten konnten nicht eingebracht werden, weil durchziehende Truppen die Felder verwüsteten. Mahl- und Saatgetreide war knapp geworden, Seuchen und Hungersnot hatten ganze Dörfer vernichtet. Eine Chronik berichtet von »streunenden Hunden, die Menschen anfielen, von hungrigen Wölfen, die aus den Wäldern kamen, die verlassenen Weiler durchstreiften, »wo sie sich an den Sterbenden und Toten gütlich taten«. Nicht selten beschäftigten die viel geplagten Gemeinden Schützen, die von der Pest befallene Mitbürger erschießen sollten, bevor sie die Gesunden anstecken konnten.

Der Bevölkerungsverlust war gewaltig. Die Altmark, mitten in Deutschland gelegen und Durchzugsgebiet von rivalisierenden Armeen, war vom Krieg besonders betroffen. Salzwedel, Tangermünde und Gardelegen hatten fast ein Drittel ihrer Einwohner eingebüßt, Seehausen und Stendal mehr als die Hälfte, in Werben und Osterburg war die Bevölkerung auf ein Drittel geschrumpft. Eine detaillierte Studie über die wirtschaftlichen Folgen des Kriegs in der Altmark veranschlagt den Verlust in den Städten auf zwei Fünftel, auf dem flachen Land war fast die Hälfte der Bevölkerung umgekommen. Dieser Verlust betraf die männliche wie die weibliche Bevölkerung zu gleichen Teilen. Die Sterblichkeit unter der Zivilbevölkerung war eher noch größer als unter den Soldaten.

Anfangs war die mittlere Elbe vom Krieg noch weitgehend verschont geblieben. Doch im Februar 1626 war es auch hier mit dem Frieden vorbei. Dänische Truppen besetzten die Altmark, requirierten Lebensmittel und drangsalierten die Bevölkerung mit Einquartierungen. Die rote Ruhr und das Heranrücken der Kaiserlichen unter Wallenstein zwangen sie allerdings schon bald zum Rückzug.

Es kam jedoch noch schlimmer, als die Schweden in das Geschehen eingriffen. Christoph II. von Bismarck (1583 – 1655), ein kurfürstlich-brandenburgischer Kommissar, hat darüber ausführlich Tagebuch geführt. 1632 habe er durch Kriegseinwirkungen »alles verloren … und zwei Jahre lang von anderer Leute Gnaden leben müssen«. Im September 1635 waren ihm von »schwedischen Räubern … alle Pferde genommen«. Im Dezember des gleichen Jahres hatten die Schweden wieder »Pferde genommen, die von Döbbelin zum Eggen gekommen waren«. Im April 1636 wurde sein Anwesen wiederum von schwedischen Regimentern heimgesucht, und wie sie gehaust haben, werde die Nachwelt »nicht so leicht vergessen«. Im Juni des gleichen Jahres hatten sächsische Reiter »das beste und meiste Rindvieh weggetrieben«. Und im September waren sie wieder da und haben »uns kaum die Kleider am Leibe gelassen«. So geht es in einem fort. Bismarck wird überfallen, sie rauben ihm Rinder und Pferde, den »besten Saatweizen«, demolieren seinen Haushalt und schlagen am Ostermontag 1638 sogar seine Reiselade in Stücke und ziehen seinen Schreiber »nackt bis aufs Hemd aus«.

So erscheint es wie ein Wunder, dass das von Christoph II. (1583 – 1655) im Jahr 1624 errichtete Herrenhaus in Briest die Kriegswirren unbeschadet überstanden hatte. Der Lehnsherr auf »Crevese, Döbbelin und der Hälfte von Briest« war ein gebildeter, viel gereister Mann. In Marburg hatte er studiert, zwischen 1608 und 1613 war er auf Reisen in fremden Ländern gewesen. Der viel bewunderte Mann, Domherr zu Magdeburg und Kriegs-Kommissar der Altmark, ist 72 Jahre alt geworden. Die meisten seiner elf Kinder haben ihn nicht überlebt. Vier Töchter und zwei Söhne sind während des Krieges gestorben, drei davon an der Pest, ein weiterer Sohn wurde 1648 auf einer Kavaliersreise überfallen und erschossen, und die beiden jüngsten Kinder starben kurz hintereinander mit 23 beziehungsweise 19 Jahren.

Levin Friedrich I. (1623 – 1696) überlebte allerdings seinen Vater. Wie dieser war auch er Kriegskommissar der Altmark, Mitverordneter des engeren Ausschusses der kurbrandenburgischen Landschaft gewesen. Ende des Dreißigjährigen Krieges wurde er bei Biberach an der Riss vom österreichischen Rittmeister Freiherr von Metternich gefangen genommen und später gegen Lösegeld freigelassen. Sein mitreisender Bruder hatte weniger Glück. Er wurde bei diesem Überfall erschossen.

Auch Levin Friedrich I. hatte mit sechs Töchtern und zwei Söhnen für zahlreiche Nachkommenschaft gesorgt. Von seinen Söhnen übernahm der ältere, Christoph Georg I. (1667 – 1730), Krevese, Briest und Döbbelin, der jüngere, Andreas Achatz (1669 – 1715) war

Levin Friedrich I. (1623–1696) war das vierte unter den elf Kindern Christophs II. Mit seiner Frau Emerentia von Jagow (1633–1699) hatte er acht Kinder. Erst das fünfte ist ein Sohn: Christoph-Georg I. (1667–1730). Als er geboren wurde, hatte sich das Land vom Dreißigjährigen Krieg erholt, und die Bismarcks waren inzwischen mehr als hundert Jahre »Schlossgesessene« in Krevese. Levin Friedrich I. ist der siebenfache Urgroßvater von Alexander.

Christoph Georg I. (1667–1730), der sechsfache Urgroßvater von Alexander, war verheiratet mit Anna Elisabeth von Katte (1670–1714), die ihm vier Söhne schenkte, von denen drei das Erwachsenenalter erreichten. Zu dieser Zeit regierte in Frankreich Ludwig XIV., das Vorbild aller absolutistischen Herrscher. Sein glanzvoller Lebensstil wurde an allen europäischen Höfen nachgeahmt, neue Schlossbauten entstanden selbst in den kleinsten Residenzen und trugen etwas von dem Glanz des Sonnenkönigs bis in die abgelegensten Winkel. Auch in Krevese, das im Dreißigjährigen Krieg sehr gelitten hatte, entstand schließlich 1725 ein neues, barockes Herrenhaus. Hier residierte nach dem Tod Christoph Georgs der jünste Sohn, Georg Achatz (1708–1765), der die Kreveser Linie fortsetzte. Der älteste, Levin Friedrich II. (1703–1774), wurde 1740 unter Friedrich dem Großen erster Kanzler in Preußen. Er setzte die Briester Linie fort, während der zweite, Hans Christoph III. (1704–1773), 1730 Erbherr auf Döbbelin wurde.

Für die Kirche von Krevese, in der seit dem Permutator die Bismarcks der älteren Kreveser Linie ihre letzte Ruhestätte fanden, stiftete Christoph Georg 1721 eine Gansen-Orgel. Sie zählt heute zu den bedeutensten Werken des norddeutschen Orgelbaus.

Domherr zu Havelberg und blieb unverheiratet. Der ältere Sohn hatte 1725 mit seiner Ehefrau Anna Elisabeth von Katte (1670 – 1714) das Herrenhaus zu Krevese erbaut. Er war Landrat, Direktor, Mitverordneter im großen Ausschuss der Altmark und überdies Förderer der Kirchenmusik. 1721 stiftete er für die Kreveser Kirche eine Gansen-Orgel. Sie gilt als eines der bedeutensten Werke des norddeutschen Orgelbaus. Anton Gansen stammte aus Celle und zählt heute zu den wichtigsten Orgelbauern seiner Zeit, ganz in der Tradition des großen Arp Schnitger aus Hamburg.

Seine drei Söhne teilten die drei Güter unter sich auf. Hans Christoph III. (1704 – 1773) erbte Döbbelin mit Anteilen in Tornau, Storbeck, Klein Rossau, Häsewig und Ziegenhagen. Auch er war nach dem Studium in den preußischen Staatsdienst getreten, war Justizrat und später Präsident des Stendaler Obergerichts geworden. Preußische Beamten wurden schlecht bezahlt. Es war daher mehr Pflichtgefühl, in gewissem Sinne immer noch die Lehnspflicht gegenüber dem Landesherrn, die sie zum Staatsdienst motivierte. Für den grundherrlichen Adel waren Einnahmen aus der Landwirtschaft daher unabdingbar. Mit der hohen Mitgift seiner Frau, einer geborenen von Jagow, war Hans Christoph III. jedoch wesentlich besser gestellt als viele seiner Standesgenossen.

Hans Christoph III. (1704–1773) war der fünffache Urgroßvater des heutigen Schlossherrn. Er und seine erste Frau Maria von Jagow (1705–1741) ließen 1736 das alte Herrenhaus in Döbbelin zu einem preußisch-schlichten, aber durchaus repräsentativen Barockbau umgestalten. Sie konnten sich das leisten, weil Maria von Jagow eine erhebliche Mitgift in die Ehe einbrachte. Die Spuren ihres Wirkens sind heute noch im Park des Schlosses auzumachen, den sie im barocken Stil anlegen ließ. Nach dem Tod Marias geriet der Schlossbau allerdings ins Stocken. Vieles erwies sich doch als zu kostspielig, und zudem überzog wieder einmal ein Krieg das Land, der als der Siebenjährige Krieg in die Geschichte einging.

Das Allianzwappen Bismarck-Jagow über dem Schlossportal in Döbbelin nach der Restaurierung.

Gemeinsam mit seiner Frau ließ er das heruntergekommene Herrenhaus in Döbbelin abreißen und ein großzügigeres nach dem Geschmack des 18. Jahrhunderts errichten, ein langgestreckter barocker Putzbau auf hohem Sockelgeschoss mit gewalmtem Mansardendach. Über dem Portal mit der Freitreppe befanden sich die Wappen der Bismarcks (Kleeblatt mit drei Eichenblättern) und der Jagows (sechsspeichiges Rad). Gleichzeitig entstand nach den Plänen seiner Frau eine Gartenanlage mit gradlinigen Lindenalleen und verschnittenen Buchenhecken. Maria von Bismarck, geborene von Jagow (aus Scharpenhufe), ist bereits 1741 gestorben. Mit ihrem Tod am 11. Juni 1741 beginnen in den Kirchenbüchern die Aufzeichnungen der Familie von Bismarck in Döbbelin. Ihr Mann hat ein Jahr später Sophia von Eimbeck geheiratet. Auch er hatte reichlich für Nachwuchs gesorgt: Mit seiner ersten Frau hatte er fünf, mit der zweiten sechs Kinder.

Im Giebelfeld über dem Eingangsportal ließen die Eheleute, wie es damals üblich war, ein Allianzwappen anbringen: links das Wappen der Bismarcks, rechts das der Jagows, ein sechsspeichiges Rad. Beidseitig der Treppe wurden Kastanien gepflanzt, die Schatten spenden sollten, allerdings dadurch den Blick auf das Gebäude verstellten.

Der Bau des Herrenhauses blieb freilich unvollendet. Die Entwässerung des sumpfigen und morastigen Geländes erwies sich als sehr kostspielig. Zudem hatte der großzügige Innenausbau mit Materialien, die in der Altmark so nicht verfügbar waren, das Budget erheblich überstiegen. Vermutlich sind die Schwierigkeiten nicht zuletzt auf die wirtschaftlich schweren Zeiten während des Siebenjährigen Kriegs zurückzuführen. In seinem Briefwechsel mit Bruder Levin Friedrich II. (1703 – 1774) fragt Hans Christoph III. klagend, wie er denn seine Wirtschaft zu Hause am »füglichsten einrichten« könne, damit sie nicht »gar zu confuß werde«.

Während die Schönhausener Bismarcks überwiegend in der Armee dienten, waren vier Generationen der Briester-Kreveser-Döbbeliner Linie im Staatsdienst tätig, als Landräte, Kreisdirektoren oder Kriegs-Kommissare. Im zähen Ringen mit den Ständen hatte sich das monarchische Staatswesen durchgesetzt. Die Rechte des Adels auf wirtschaftlichem Gebiet sowie die politischen in der Lokalverwaltung der Gutsherrschaft blieben dagegen unangetastet, wurden vom Staat sogar geschützt. Offizierkorps und Beamtentum waren zum Träger des Staats geworden. Der Adel wurde gleichsam die rechte Hand des Landesherrn. Was er als Grundherr an ständischen Rechten verloren hatte, gewann er als Teilhaber der landesherrlichen Gewalt zurück. Mit dem Kommissariatswesen war zudem ein neuer Beamtentyp entstanden, der für die Steuer-, Finanz- und Wirtschaftspolitik verantwortlich war und zugleich den Unterhalt des Heeres regeln sollte. Gleichzeitig wurde zwischen dem Träger der Lokalverwaltung, dem Stadtrat, dem Rittergutsbesitzer, dem Domänenamtmann und der Provinzialverwaltung eine neue Zwischeninstanz geschaffen: der Landrat oder Steuerrat. An der

Ein Sohn von Hans Christoph III. war Heinrich (1735–1806), der vierfache Urgroßvater von Alexander. Während sein älterer Bruder Christoph (1732–1818) Erbherr auf Döbbelin wurde, zog er in den Siebenjährigen Krieg. Später ließ Heinrich sich als Landrat mit seiner Frau Katharina von der Groeben (1740–1773) in Jerichow nieder. Ihren Kindern standen schwere Zeiten bevor: Sie sollten die napoleonischen Kriege erleben, die Preußen fast die Existenz kosteten.

Spitze des Kreises stand der Direktor. Seine Verwaltung wurde mit besonderen staatlichen Aufgaben der Polizei und der Durchsetzung landesherrlicher Verordnungen beauftragt, ohne die Gerichtsbarkeit zu besitzen. Es war ein Ehrenamt mit geringer Besoldung, wozu der Kurfürst oder König (seit 1701) Rittergutsbesitzer auf Vorschlag der Stände ernannte.

Preußens Kapitulation

Doch die staatliche Entwicklung in Preußen war, trotz aller Fortschritte auf dem Gebiet der Rechtssicherheit, nicht vorangekommen. Die ständische Gliederung, die Privilegierung des Adels, besonders deren Steuerfreiheit, begrenzte die Einnahmen des Staates und die Anpassung der bäuerlichen Verhältnisse an den gesellschaftlichen Wandel. Nur bei den staatlichen Domänen waren Erbuntertänigkeit und Frondienste abgelöst worden. So war es auch bei der überkommenen Heeresverfassung, der Rekrutenwerbung und der Befreiung der Privilegierten vom Militärdienst geblieben. Das alles hat zur Katastrophe des Jahres 1806 beigetragen, als die preußische Armee die schmachvolle Niederlage in der Schlacht bei Jena und Auerstedt erlitt.

Der eigentliche Leidtragende war die Bevölkerung. Napoleons Truppen verwüsteten und plünderten das Land. Die Soldaten mussten schließlich ernährt, bekleidet und einquartiert werden. Die Bauern wurden zu zahllosen Vorspann-Diensten genötigt, die Beamten sahen sich von der französischen Besatzungsbehörde gegängelt und waren gezwungen, für den Sieger hohe Kriegsabgaben einzutreiben.

Von 1809–1813 gehörte die westlich der Elbe gelegene Altmark, also Döbbelin, Briest und Krevese, zum neugegründeten Königreich unter Napoleons Bruder Jérôme Bonaparte. Die einzelnen Zweige des Bismarck'schen Geschlechts lebten während dieser Zeit unter unterschiedlichen politischen Systemen. Westlich der Elbe galt jetzt der Code Napoleon, der die alten Rechte der Gutsherrschaft empfindlich beschnitt und nach Rückkehr zum Preußischen Recht viele Prozesse mit den Bauern zur Folge hatte.

Am 25. Oktober 1806 hatten erste napoleonische Truppenteile die Altmark erreicht und bei der Bevölke-

In der Altmark erschienen im Oktober 1806, unmittelbar nachdem Napoleon Preußen in der Schlacht von Jena und Auerstedt eine verheerende Niederlage beigebracht hatte, die ersten französischen Truppen und versetzten die Bevölkerung in Angst und Schrecken. Das Land wurde besetzt. Die Gebiete westlich der Elbe, also auch Döbbelin, gehörten von 1809 bis 1813 zum Königreich Westfalen, über das Napoleons Bruder Jérôme Bonaparte herrschte.

rung Entsetzen und Chaos ausgelöst. Schwere Zeiten auch für den »Erbherrn« von Döbbelin, Christoph von Bismarck (1732 – 1818), und seine Familie. Der preußische Regierungsrat und spätere Präsident des Stendaler Obergerichts hatte zweimal geheiratet, beide Male eine Bürgerliche. Seine zweite Frau war die Tochter eines gefallenen Unteroffiziers, was die kirchlichen Behörden als »ungleiche Heirat« monierten. Schwierigkeiten hatte er auch mit der lieben Verwandtschaft. Zwei Vettern prozessierten gegen ihn, als er im Jahr 1813 das Gut Krevese geerbt und seine Tochter Wilhelmine von Bismarck (1776 – 1830) als Alleinerbin eingesetzt hatte. Diese hat das Gut dann nach dem Tode ihres Vaters an die Bauern der zinspflichtigen Kreveser Dörfer verkauft. In Christophs Zeit fiel übrigens auch die Erbverpachtung an die Bauern von Döbbelin im Jahr 1786 – für die damalige Zeit eine bemerkenswert fortschrittliche Maßnahme.

In Döbbelin lebten, als die Franzosen einfielen, der schon mehr als siebzig Jahre zählende Christoph (1732–1818) und sein Sohn Hans (1769–1812) mit seiner Familie. Die Bismarcks auf Döbbelin hatten es damals ohnehin schon nicht leicht, denn der junge Gutsherr war nicht standesgemäß verheiratet. Und nun kamen auch noch die Franzosen, zerschlugen das Inventar und plünderten den Weinkeller. Geld stahlen sie nicht, denn es gab keines mehr. Als ein halbes Dutzen Jahre später die Nachricht eintraf, dass Napoleons Russlandfeldzug gescheitert war, feierte man in Döbbelin ein Freudenfest. Dabei soll Hans von der Freitreppe gefallen sein und sich das Genick gebrochen haben.

Als die Franzosen das Gut besetzten, hatte Christoph von Bismarck (1732 – 1818) Döbbelin schon längst an seinen Sohn Hans Christoph Friedrich von Bismarck (1769 – 1812) übergeben. Doch das Leid, das damals über Dorf und Gut kam, hat er am eigenen Leib erlebt. Das Herrenhaus wurde von den Franzosen fast vollständig zerstört, die wertvolle Bibliothek geplündert, das Vieh weggetrieben. Das Gesinde war bis auf den alten Gärtner geflohen. Die Vorhut der Franzosen, übrigens Deutsche in Napoleons Diensten, hatten von dem 74 Jahre alten Bismarck mit gezogener Pistole gefordert, Schmuck und Barschaft herauszurücken, andernfalls werde er erschossen. Einer seiner Enkel, Karl Friedrich Paul von Bismarck (1803 – 1879), war Augenzeuge des Geschehens und hat über die Vorgänge berichtet: Infanterie sei in das Dort gekommen und habe alles, was an Lebensmitteln und Federvieh vorhanden gewesen sei, abgeschleppt; und da »einer der Kerle ... meinem Vater in den Weinkeller unbemerkt gefolgt ist, wurde der ganze Vorrat an Flaschen ... gleichfalls ins Lager gefahren. Gegen meine Mutter zog ein Soldat den Säbel und drohte, sie zu erstechen, wenn sie nicht mehr Zucker anschaffen wollte ... Meinem Vater zogen sie mehrmals die Stiefel aus ..., nahmen sein bestes Pferd ... und da die folgenden Trupps kein Geld mehr vorfanden, wurden sämtliche Schränke und Türen zerschlagen, Betten und Wäsche ... auseinandergerissen«. Das »so gut geordnete Archiv wurde gleichfalls zerfleddert. Im ganzen Haus lagen, halb zerfetzt, die Urkunden herum«. Karl Friedrich resümiert: »Es war keine disziplinierte Truppe, ... sondern eine Räuberbande.«

Friedrich (1803 – 1879), ein Sohn von Hans aus der unstandesgemäßen Ehe mit Wilhelmine Tiemann (1780 – 1856), hat den Überfall der Franzosen als kleines Kind erlebt und über die Grande Armée Napoleons später gesagt: »Es war keine disziplinierte Truppe, … sondern eine Räuberbande.« Friedrich wurde nach dem Tod seines Großvaters Christoph mit fünfzehn Jahren Erbherr auf Döbbelin, das damals völlig überschuldet war. Nun zeigte sich, was in Wilhelmine steckte: Mit Tatkraft und unermüdlichem Fleiß machte sie das Gut wieder rentabel und konnte es so der Familie erhalten.

Einige Jahre später war dann die als »Franzosenzeit« benannte Episode beendet. Die Große Armee hatte sich in Russland erschöpft und war vernichtend geschlagen worden. In der Altmark wurde diese Nachricht bejubelt, und der in Tangermünde weilende Christoph von Bismarck (1732 – 1818) kündigte seinem Sohn Hans Christoph Friedrich von Bismarck (1769 – 1812) die erfreuliche Nachricht brieflich an. Wenige Tage später war dieser tot. Ob der preußische Hauptmann, der in den 1790er Jahren in der Rheinarmee gegen die Franzosen gekämpft hatte, vor Freude einen Herzschlag bekommen hatte, wie die Familiensaga wissen will, ist nicht belegt. Seine Witwe Wihelmine von Bismarck, geborene Tiemann (1780 – 1856), wird als eine zupackende Frau geschildert. Ihr ist es zu verdanken, dass ihren Kindern Döbbelin erhalten geblieben ist. Sie hat das hochverschuldete Gut wieder entschuldet und zudem, nach Wiedereinführung des preußischen Landrechts, zahlreiche Prozesse gegen Bauern erfolgreich zu Ende gebracht. Ihr Sohn spricht in seinen Aufzeichnungen von dem »über alles Lob erhabenen und unermüdlichen Fleiß dieser Frau«.

Ernst von Bismarck (1771–1837), der dreifache Urgroßvater von Alexander, dürfte es beruhigt haben, dass Döbbelin allmählich wieder prosperierte. Ernst war Militär und hatte an allen Kriegen gegen Napoleon teilgenommen. Bei Magdeburg war er 1806 in Gefangenschaft geraten und in den Befreiungskriegen mit dem Eisernen Kreuz II. Klasse ausgezeichnet worden. 1816 hatte er ganz standesgemäß Emilie von Kleist (1793–1859) geheiratet. Die beiden hatten sieben Kinder. Das erste, Julius, wurde noch während der Okkupationszeit 1817 in der Festung Thionville geboren, die weiteren Kinder in Koblenz, wo der Vater anschließend stationiert war. Julius ist der zweifache Urgroßvater des heutigen Schlossherrn.

Das 19. Jahrhundert –
die Verwandlung der Welt

Wir kommen noch einmal auf die »Franzosenzeit« zurück, Wochen nach dem Tod von Hans Christoph Friedrich von Bismarck im Jahr 1812. Nun sind es die Verlierer, die im Schloss Unterkunft suchen – versprengte Einheiten der Grande Armee. »Eine Kürassier-Brigade, bestehend aus einem Obersten, vier bis fünf Offizieren und einigen Mann«, berichtet unser Chronist. »Der Oberst hatte einen schweren Hieb über den Kopf erhalten; die Offiziere hatten Hände und Füße erfroren, und die ausgestandenen Leiden prägten sich tief in ihren Gesichtern aus. Sie baten sich zum Nachtlager Streue aus, da sie die Wärme der Betten nicht ertragen konnten.«

Auch die Altmark hatte damals die Begeisterung der Freiheitskriege erfasst. Nur ganz oben an der Spitze glaubte man nicht so recht an den Erfolg. Entschlüsse zur Befreiung fasste Preußens König Friedrich Wilhelm III. nur zögernd. Vielmehr wurde er mehr von den Ereignissen, insbesondere von den Beschlüssen seiner Berater getrieben. Die alles überragende Persönlichkeit war anfangs Heinrich Friedrich vom und zum Stein. 1807 hatte der König ihn zum Ersten Minister ernannt. Drei Jahre später wurde Karl August von Hardenberg sein Nachfolger. Die Stein-Hardenberg'schen Reformen haben das Land grundlegend verändert. Steins Verdienste sind in der Staatsreform und Städteordnung, vor allem aber in der Bauernbefreiung zu sehen. Bereits im Jahr 1807 war ein entsprechendes Edikt ergangen.

In der Döbbeliner Patronatskirche erinnert eine Gedenktafel an die preußischen Freiheitskriege zu Beginn des 19. Jahrhunderts. Während der »Franzosenzeit« waren Preußen und seine Bewohner arg gebeutelt worden. Das war nicht zuletzt der Unentschlossenheit ihres Königs Friedrich Wilhelm III. zuzuschreiben, der lavierte und taktierte, aber niemals klare Entscheidungen fällte. Zum Glück für Preußen stand ihm in dieser schweren Krise der bedeutende Staatsreformer Karl August Freiherr von Hardenberg zur Seite, der dem König manches Zugeständnis an sein Volk abringen konnte. So hatten die Soldaten in den Freiheitskriegen gegen Napoleon doch nicht umsonst gekämpft.

»Die Bauernbefreiung«, so schreibt Jürgen Osterhammel in seinem monumentalen Werk über das 19. Jahrhundert »Die Verwandlung der Welt« bedeutete, auf einen kurzen Nenner gebracht, die Anpassung der ländlichen Gesellschaft an die allgemeine soziale und politische Entwicklung der Zeit. Wichtige Anstöße dazu kamen von der Französischen Revolution und gingen dann auch von tiefen Krisen aus wie in Preußen nach der Niederlage 1806. Hier wurde die Reform bis 1816 abgeschlossen, die Umsetzung der Gesetze sollte sich jedoch noch bis in die 50er Jahre hinziehen. Das Recht auf Grundbesitz hatte nun nicht mehr der Adel allein. Die Bauern erhielten die persönliche Freiheit und konnten als freie Leute über Heirat und Wohnort bestimmen. Sämtliche Dienste und Abgaben gegenüber dem Grundherrn entfielen nun – allerdings gegen Entschädigung, die sogenannte Regulierung.

Diese war beim grundbesitzenden Adel auf erhebliche Widerstände gestoßen – und das mit Erfolg. Schon bei der Einführung der Reformen war es dem Adel gelungen, für sich die Patrimonial-Gerichtsbarkeit zu erhalten, also die niedere Rechtsprechung gegenüber den bisher vom Grundherrn abhängigen Bauern. In zähen Verhandlungen hatten sie zudem erreicht, die Regulierungsfähigkeit einzuschränken. Der Grundsatz des Bauernschutzes war damit aufgegeben. Die Ablösung der Grundlasten erfolgte jetzt kaum noch mit Geld, vielmehr durch Abtretung von Land, womit der Großgrundbesitzer seine landwirtschaftlich genutzte Fläche erheblich erweitern konnte.

Immerhin war mit den Stein-Hardenberg'schen Reformen die Erbuntertänigkeit abgeschafft. Die Bauern waren nun selbstständige Hofbesitzer oder vom Lohn abhängige Landarbeiter. Die Fürsorge des Grundherrn für seine Bauern war damit allerdings beendet.

Nun überwog das System der Lohnarbeit. Ob er Landarbeiter einstellen wollte oder nicht, bestimmte nun der Gutsherr – wie sich mit der Zeit auch Grund und Boden sowie Löhne nach der Konjunktur richteten, also nach Angebot und Nachfrage. Der adlige Rittergutsbesitzer wurde zum ländlichen Unternehmer, der den Erfolg oder Misserfolg seines Betriebs am wirtschaftlichen Ergebnis ablesen konnte.

Fortschritte auf dem Gebiet der Agrartechnik und Agrarchemie erhöhten die Produktivität und kamen besonders Großbetrieben, wie sie in Ostdeutschland überwogen, zugute. Nach wie vor war die Landwirtschaft Deutschlands wichtigster Wirtschaftszweig. So ist in den altpreußischen Provinzen der Anteil der Äcker an der Gesamtfläche im 19. Jahrhundert um fast die Hälfte auf 52,6 Prozent gestiegen.

In der Altmark zog sich die Ablösung der Grundrechte über die ganze erste Hälfte des 19. Jahrhunderts hin. Ämter und Gerichte waren gut beschäftigt, die Zahl der Prozesse groß. Die Aufhebung des Code Civil hatte in der westelbischen Altmark, wie wir gesehen haben, zu vielen Streitigkeiten der Abgabepflichtigen mit der Gutsherrschaft geführt, die in Einzelfällen sogar erst 1852 vor dem Oberlandesgericht in Berlin zugunsten der Bauern entschieden worden waren.

In der Altmark zog sich die Umsetzung der Reformen besonders lange hin, denn die Rechtsvehältnisse waren kompliziert, schließlich hatte hier für einige Jahre der napoleonische Code Civil gegolten. 1820 erfolgte die Umsetzung der ersten Verordnungen, 1854 wurden schließlich die Erbpachten abgelöst. Wieder einmal fühlten sich die Bismarcks nicht ausreichend entschädigt, aber auch diesmal mussten sie sich damit abfinden.

Auf Döbbelin saß nun als Erbherr der Premier-Leutnant Friedrich (1803–1879) mit seiner Gemahlin Laura Tiemann (1827–1916), einer Bürgerlichen aus dem westfälischen Bünde, und suchte unter den veränderten Bedingungen den Gutsbetrieb in Gang zu halten. Bei Lichte besehen war zwar von den geplanten preußischen Reformen am Ende gar nicht so viel umgesetzt worden, denn die Junker hatten viel Beharrungsvermögen gezeigt und ihre angestammten Privilegien zäh verteidigt, doch im angehenden Industriezeitalter zeigte sich, dass nicht Privilegien, sondern nur eine wirtschaftliche Produktionsweise die Gutsbetriebe vor dem Bankrott bewahren konnte.

Der Gutsherr blieb allerdings Gerichtsherr. So wird von Otto von Bismarck (1815 – 1898) berichtet, er habe dafür gesorgt, dass die Kinder des Gutes Schönhausen regelmäßig die Schule besuchten. Bei einigen Gerichtsverhandlungen im Jahr 1847 war er Richter und Protokollant zugleich.

Das Gut Döbbelin hatte von 25 der umliegenden Ortschaften Prästationen (Abgaben) erhalten, in Form von Naturalien (Getreide, Fleisch, Holz), Bau- und Erntediensten und in barer Münze. Ferner besaß das Gut an zwölf benachbarten Ortschaften Jagdgerechtigkeiten, die den Gutsbesitzern lukrative Einnahmen aus der Jagd in einem Revier mit rund 18 000 Morgen Fläche sicherten. Die Felder des Gutes selbst waren – wie erwähnt – seit 1786 in Erbpacht vergeben. Im Jahr 1820 wurden die ersten Verordnungen umgesetzt, nach und nach die auf den bäuerlichen Ortschaften ruhenden Reallasten abgelöst. Ohne Entschädigung wurden die Jagdgerechtigkeiten aufgehoben und im Jahre 1854 schließlich die Erbpachten abgelöst – mit einer nach Ansicht der Bismarcks unbefriedigenden Entschädigung. Immerhin war der Familie bis zum Jahr 1927 in Döbbelin noch eine Restfläche von 130 preußischen Morgen verblieben.

Die Güter der Schönhausener Linie verwaltete seit 1845 Otto von Bismarck. Der Vater hatte keine glückliche Hand bewiesen, und so lag einiges im Argen. Otto ging tatkräftig ans Werk, wie unter anderem das Protokoll dieser Patrimonialgerichtsverhandlung belegt, das er eigenhändig erstellte und von einem Betroffenen mit Kreuzen unterzeichnen ließ.

Schönhausen, den 10 Januar 1847.

Da nach Anzeige des Herrn Prediger Schwarz die hiesigen Arbeitsleute Heidenhahn und Joachim Nitze ihre Kinder seit längerer Zeit nicht zur Schule schicken, so werden dieselben hiermit bei einer Strafe von 5 Sgr für jeden versäumten Schultag oder verhältnißmäßiger Gefängnißstrafe angewiesen, dafür zu sorgen, daß ihre Kinder regelmäßig zur Schule geht.

Der Gerichtsdiener Brüggemann erhält Auftrag sich davon zu überzeugen, daß die p Heidenhahn u Nitze ihre Kinder zur Schule schicken, und wenn dies nicht geschieht, die Kinder abzuholen und eigenhändig zur Schule zu führen, wenn nicht Krankheit der Kinder oder der Eltern [illegible] vom Schulbesuch abhält.

Schönhausen den 10 Januar 1847.

Die Gutsherrschaft.

Bismarck

Insinuirt dem Arbeitsmann Joachim Nitze in Person und in Abwesenheit des p Heidenhahn an dessen Ehefrau am 10t. Januar 1847.

Brüggemann
Gerichtsdiener

I

Vorstehende Verfügung ist den Arbeitsleuten Nitze u Heidenhahn durch Vorlesung zu eröffnen, u daß dies geschehen, hierunter zu bemerken.

Schönhausen ut supra.

Bismarck

Joachim Nitze

An den Gerichtsdiener Brüggemann

hier –

Heidenhahn † † † statt der [illegible] Heidenhahn in Abwesenheit ihres Ehemannes

Doch die Reformen zu Beginn des Jahrhunderts hatten die Menschen nicht wirklich zufriedengestellt. Der Wiener Kongress 1814 hatte eher der Reaktion genutzt und der nun gegründete Deutsche Bund die hochgesteckten Hoffnungen nicht erfüllt. In Preußen war der Einfluss von Adel und Großgrundbesitz in den Provinziallandtagen gestiegen. Der Abstand von König und Adel zur eher liberalen öffentlichen Meinung wurde immer größer. Die Juli-Revolution von 1830, die erste Erschütterung der auf dem Wiener Kongress geschaffenen Ordnung, blieb vornehmlich auf Westeuropa beschränkt. Erst die März-Revolution von 1848 sollte auch in Deutschland tiefe Spuren hinterlassen. In Berlin kam es zu Straßen- und Barrikadenkämpfen. Der König ließ auf die Aufständischen schießen, um sich später dann vor den auf den Schlosshof gebrachten Leichen verneigen zu müssen.

Die Unsicherheit des Königs, der Rückzug des Militärs rief aber auch die Konservativen auf den Plan. Sie sahen die Stadt nun fast schutzlos »in der Gewalt der Aufständischen«, wie der junge Junker Otto von Bismarck fürchtete. Sein zwei Jahre jüngerer Vetter Ernst Julius hatte die »tollen Tage«, wie die Märzunruhen in konservativen Kreisen damals hießen, in Eckartsberga, unweit Apolda, erlebt. Als man sein Haus stürmen wollte, habe er sich »mit Pistole und Degen in den Händen allein der Meute entgegengestellt«, wie ein Chronist bewundernd noch Jahrzehnte später bemerken sollte.

Während Otto von Bismarck den Familienbesitz in Schönhausen sanierte, gerieten in Berlin die Massen in Aufruhr. 1848 brach dort die Märzrevolution aus und griff schnell auf andere Städte über. Ottos Vetter und Jugendfreund Julius, der 1817 in der Festung Thionville zur Welt gekommen war und inzwischen als Königlicher Domänenrat im thüringischen Eckartsberga lebte, soll sich damals todesmutig »mit Pistole und Degen in den Händen allein der Meute entgegengestellt« haben. Der zweifache Urgroßvater von Alexander diente zunächst als Offizier in Magdeburg und Wittenberg. Lange Jahre saß er als Domänenrat auf Schloss Freyburg an der Unstrut und empfing dort 1853 König Wilhelm IV. zu einem dreitägigen Besuch. 1868 übernahm Julius die Verwaltung des umfangreichen Land- und Kapitalvermögens der Wittenberg-Hallenser Universität. Er stand ein halbes Jahrhundert im Dienste der Hohenzollern.

Anfangs schien es so, als ob die liberalen Kräfte die Oberhand gewinnen würden. Die Eröffnung der Nationalversammlung in der Frankfurter Paulskirche verstärkte die Hoffnung auf einen einheitlichen deutschen Staat und auf liberale Verfassungen in den Einzelstaaten. Die Bewegung der von der Revolution ermunterten »Achtundvierziger« fand seinen Wiederhall auch im entlegenen Döbbelin. Hier hatte der Erbschulze Stackfleth die Bauern aufgefordert, keine Steuern mehr zu zahlen. Im »Altmärkischen Intelligenz- und Leseblatt« hatte er gegen die Monarchie gewettert, auf die Legitimation der Frankfurter Nationalversammlung gepocht und wenig später sogar den nachmaligen Kaiser Wilhelm I., der sich in der Revolutionszeit durch besonders repressive Maßnahmen gegen Aufständische (»Kartäschenprinz«) unrühmlich hervorgetan hatte, mit deftigen Worten kritisiert. Stackfleth musste später fliehen. Seine Spuren verlieren sich als Auswanderer nach Amerika oder Australien.

Die Reformkräfte konnten sich nach den Märzereignissen freilich nicht durchsetzen. In den Einzelstaaten, besonders aber in Preußen, gewannen die konservativen Kräfte wieder die Oberhand und als einer der markantesten Erscheinungen sehen wir nun Otto von Bismarck (1815 – 1898) die politische Bühne betreten – streitlustig, redegewandt, ein glänzender Stilist, wie ihm unter den Politikern wohl nur Winston Churchill ebenbürtig gewesen war. Der Historiker Ernst Engelberg hält ihn für den größten deutschen Staatsmann. Ohne ihn, so lässt der namhafte Bismarck-Biograf verlauten, hätte er, Engelberg, seine Familiengeschichte über das Geschlecht der Bismarcks »wohl nie geschrieben«. So gesehen sei die Bedeutung des Familienverbandes mit der Person des Reichskanzlers »unauflöslich verbunden«. Eine Geschichte der Bismarcks ohne ihn, meint Engelberg, wäre so, als wenn man Schillers »Wallenstein« auf die Bühne brächte, ohne den böhmischen Feldherrn zu erwähnen.

Am 1. April 1815 ist er auf Gut Schönhausen an der Elbe geboren. Vom Landleben empfängt er Eindrücke, die sein weiteres Leben entscheidend mitbestimmen sollen. In Pommern, auf Gut Kniephof, wächst er heran, auf den Gütern Schönhausen und Varzin verbringt er als Gutsherr Jahre seines Lebens und auf Gut Friedrichsruh im Herzogtum Lauenburg endet es. Aber so sehr er sich dieser ländlichen Welt mit ihrer junkerlich-feudalen Ordnung zugehörig fühlte, schreibt der Historiker Theodor Schieder in seiner Abhandlung über den jungen Bismarck, »sie befriedigte seinen titanischen Tatwillen nicht; er suchte ihn auf dem größeren Felde des Staates zu bewähren, zu dessen Machtnatur er ein spontanes, unreflektiertes Verhältnis hatte«. In Berlin besucht er das Gymnasium, in Göttingen und Berlin studiert er Jura. Die erste Lebenskrise erlebt er als Referendar in Aachen und Potsdam. Die Tätigkeit hier empfindet er als »kleinlich und langweilig«.

Zeit seines Lebens wird er eine tiefe Abneigung gegen Bürokratie und jedwede kollegiale Form von Entscheidungen empfinden. Er verabschiedet sich vom Staatsdienst, wird wieder Landwirt. Seine eigentlichen

Ambitionen macht jedoch ein Brief vom August 1838 an eine Kusine deutlich. »Der preußische Beamte gleicht dem Einzelnen im Orchester«, heißt es dort. Mag dieser auch die erste Geige spielen. Ohne Übersicht und Einfluss auf das Ganze müsse er sein Stück abspielen. »Ich will aber Musik machen, wie ich sie für gut erkenne, oder gar keine.« Über die Funktion eines Deichhauptmanns in der Altmark, also der landständischen Selbstverwaltung, ist Otto von Bismarck dann in die Politik gekommen. Er wird Abgeordneter des Preußischen Landtags, des Erfurter Unionsparlaments und preußischer Gesandter am Bundestag in Frankfurt. Seine diplomatische Karriere setzt er als Gesandter (1859 – 1862) am russischen und für kurze Zeit am Hofe Napoleons III. fort. Dann beruft ihn Wilhelm I. zum preußischen Ministerpräsidenten. Der König suchte keinen Minister, der sich dem Parlament verantwortlich fühlte, sondern einen Mitstreiter im Kampf gegen ein widerspenstiges Parlament. Diese Aufgabe erfüllt Bismarck mit rücksichtsloser Geradlinigkeit. Die Zusammenarbeit zwischen dem König und seinem ersten Minister sollte mehr als ein Vierteljahrhundert währen.

Zunehmend erwies sich jedoch der Dualismus der beiden deutschen Großmächte, Österreich und Preußen, als Problem. Durch geschicktes Taktieren konnte Bismarck in der Frage, ob Schleswig-Holstein bei Dänemark bleiben solle, Österreich auf seine Seite ziehen. Beim Sieg über Dänemark 1863/64 stimmten preußische und gesamtdeutsche Ziele noch überein. Doch bei der Frage, ob es künftig ein großdeutsches Reich mit

Was 1848 noch keiner ahnen konnte: Der Gutsherr Otto von Bismarck aus Schönhausen an der Elbe war der kommende Mann in Preußen. Er war ein politisches Naturtalent, und er wusste dieses Talent zu nutzen. Vor allem verstand er es, den König zu führen, der die Schachzüge seines Kanzlers niemals begriff, aber instinktiv spürte, wann er sich dessen Willen fügen musste. So gelang die Einigung des Reiches, auf die im Zuge der Industrialisierung eine Zeit gewaltigen wirtschaftlichen Wachstums folgte.

Österreich oder ein kleindeutsches unter preußischer Führung geben sollte, schieden sich die Geister. Der Realist Bismarck hatte von Anbeginn der kleindeutschen Lösung den Vorzug gegeben. In der nun folgenden, erst politischen, dann militärischen Auseinandersetzung Preußens mit Österreich ging es nicht nur um die Aufteilung Schleswig-Holsteins, sondern vielmehr um die Frage der Macht. Sie wurde 1866 auf den Schlachtfeldern entschieden, zuletzt vor der Festung Königgrätz in Nordböhmen. Es war der letzte »Kabinettskrieg«, der letzte Krieg deutscher Territorialstaaten untereinander.

Gegen den Willen des dynastisch denkenden Königs hatte sich Preußen auf Drängen Bismarcks Hannover, Kurhessen, Nassau und Frankfurt einverleibt. Süddeutschland verschonte er, um die beunruhigten Großmächte nicht noch mehr zu reizen. So entstand 1867 unter Führung des übermächtigen Preußens der Norddeutsche Bund. Seine Verfassung, aus der wenige Jahre später dann die Reichsverfassung hervorgehen sollte, wurde von vielen Seiten kritisiert. Doch immerhin wurde mit ihr erstmals in Deutschland ein demokratisches Wahlrecht verankert. Die süddeutschen Staaten standen dieser Entwicklung anfangs abwartend bis feindselig gegenüber, wie das Scheitern des vorgesehenen Zollparlaments zwischen dem Norden und Süden bald zeigen sollte. Zudem erhöhte sich die Gefahr einer Intervention durch Frankreich. Napoleon III. war in eine innenpolitische Krise geraten, die er durch außenpolitische Erfolge, und sei es mit einem Waffengang, kompensieren wollte.

Wie Bismarck durch die berühmt gewordene »Emser Depesche« Frankreich zum Krieg provozieren konnte, ist unzählige Male beschrieben worden. Die Veröffentlichungen darüber sind Legion. Der Sieg gegen den Nachbarn 1870/71, der mit der Kaiserproklamation in Versailles endete, brachte die deutsche Einigung und dem Reichskanzler weitere Ehrungen. Otto von Bismarck wurde in den erblichen Fürstenstand erhoben und erhielt wenig später als Dotation Friedrichsruh im Sachsenwald, nachdem er nach dem Sieg über Österreich mit einer königlichen Zuwendung das Gut Varzin in Hinterpommern erworben hatte. Die deutsche Einheit wurde nicht, wie es im März 1848 zeitweise möglich schien, durch das Volk initiiert, sondern fast ein Vierteljahrhundert später gleichsam »von oben« durch Adel und Fürsten herbeigeführt, wie das berühmte Gemälde Anton von Werners über die »Proklamation des Deutschen Kaiserreichs« im Spiegelsaal von Versailles zeigt.

Die nationale Begeisterung hatte zudem viele Bruchstellen überdeckt: den Protest der nationalen Minderheiten, das konfessionelle Unterlegenheitsgefühl der Katholiken, den revolutionären Willen der aufstrebenden Arbeiterbewegung – all das, so schreibt Theodor Schieder, »belastete die Zukunft des Kaiserreichs mehr als der Partikularismus der Einzelstaaten, für dessen Einfügung die Bismarck'sche Reichsverfassung in erster Linie und mit Erfolg vorgesorgt hatte«.

Durch Gesetze des Reiches wurde die Einheit weiter verfestigt. Währungs- und Münzeinheit waren schnell geschaffen. Doch an der endgültigen Herstel-

lung der Rechtseinheit mussten Juristen noch Jahrzehnte arbeiten, bis diese mit der Einführung des Bürgerlichen Gesetzbuchs (BGB) am 1. Januar 1900 vollendet war. Mit der preußischen Kreisordnung (1872) wurde die gutsherrliche Polizei und das Amt des Erbschulzen beseitigt. Die Verwaltung wurde neu organisiert. Künftig musste der Landrat ein Verwaltungsjurist sein, während das Gros der Landräte bisher von den alteingesessenen Gutsbesitzern gestellt worden war, die dieses Amt dann auch lebenslang ausübten.

In der Innenpolitik hatte es Bismarck mit mächtigen Interessengruppen zu tun. Mit der Zentrumspartei, in der sich der politische Katholizismus organisiert hatte sowie mit der katholischen Kirche und dem Papst kam es zum »Kulturkampf«, der erst 1876 abzuflauen begann. Neben dem Zentrum rechnete er auch die nationalen Minderheiten (Polen, Elsässer, Dänen) sowie die Arbeiterbewegung zu den »Reichsfeinden«. Mit dem 1878 vom Reichstag beschlossenen »Sozialistengesetz« versuchte der Reichskanzler, die Aktivitäten

Bevor Otto von Bismarck preußischer Ministerpräsident und damit der höchste Beamte im Staate wurde, war er Gesandter beim Bundestag in Frankfurt, wo die Kollegen ihn so schnell wie möglich loszuwerden suchten, dann in St. Petersburg und in Paris. Überall hatte er die Verhältnisse bald gründlich durchschaut. Zur Erinnerung an die Gesandtenzeit in St. Petersburg von 1859 bis 1862 hat die Familie Bismarck am Stenbock'schen Haus an der Newa eine Gedenktafel anbringen lassen. Die Aufnahme zeigt Ferdinand Fürst von Bismarck und seine Frau Fürstin Elisabeth mit Vetter Alexander und dessen Frau Irina bei einem Besuch im Katharinenpalast; rechts Professor Ivan Sautov, der verstorbene Direktor des Zarskoje-Selo-Museums. Er ist der einzige russische Träger des Bismarck-Ordens.

der Sozialdemokraten einzudämmen. Es wurde immer wieder verlängert und hatte damit zunehmend die öffentliche Meinung vergiftet. Schließlich forderten auch Konservative Maßnahmen zur Lösung der »sozialen Frage«, die für viele nun als Schicksalsfrage betrachtet wurde. So gesehen ist die 1881 von Kaiser Wilhelm I. angekündigte Sozialversicherung als Reaktion Bismarcks zu verstehen. Weniger sozialer Impetus, vielmehr politisches Kalkül hatten dabei seine Entscheidungen bestimmt.

Diese »soziale Frage« sollte Jahre später zum Sturz des Kanzlers führen. Wilhelm I. war im März 1888 gestorben, sein todkranker Sohn und Nachfolger Friedrich III. starb nach einer Regierungszeit von nur 99 Tagen noch im selben Jahr. Friedrich III. galt als liberal, der junge Wilhelm II. dagegen wie Bismarck als konservativ. Daher waren es weniger sachliche Fragen, die zum Bruch mit dem um fast 45 Jahre älteren Reichskanzler führten, vielmehr die Geltungssucht Wilhelm II., sein Ehrgeiz, unmittelbare Macht auszuüben, sein Streben nach einem »persönlichen Regiment«. Die Machtkrise entzündete sich am sozialpolitischen Programm des Kaisers; es folgten weitere Reibungspunkte, kurz, die Meinungsverschiedenheiten wurden unüberbrückbar.

Zu allem Überfluss hatten die vom Kanzler mit allen Mitteln bekämpften Sozialdemokraten bei den Reichstagswahlen im Februar einen überwältigenden Sieg errungen, in Berlin sogar die absolute Mehrheit erreicht. Im März 1890 reichte Bismarck seinen Abschied ein, der wenig später in gnädiger Form angenommen wurde, unter Verleihung des Titels Herzog von Lauenburg.

Fast 30 Jahre hatte Otto von Bismarck die deutsche und europäische Politik maßgeblich beeinflusst. Seine Entlassung wurde daher auch im Ausland aufmerksam registriert. Vielleicht hat der Londoner »Punch« mit seiner Karikatur »Der Lotse geht von Bord« die Stimmung am besten getroffen. Die Ovationen, die ihm bei seinem Abschied von Berlin gemacht worden waren, die unzähligen »Bismarck-Eichen«, die nun überall in Deutschland gepflanzt wurden, und die Besucherströme, die sich von jetzt an nach Friedrichruh ergossen, konnten nicht darüber hinwegtäuschen, dass viele seinen Abgang gewünscht hatten. Den sozialen und geistigen Strömungen seiner Zeit stand er fern. Im innersten Kern war er der preußische Gutsherr geblieben.

Seine Verwandten in Döbbelin hatten in all diesen Jahren eher zurückgezogen gelebt, fern der großen Welt, in welcher der Reichskanzler gelebt und gewirkt hatte. Sie führten ein stilles Leben als Offiziere, Beamte und Landwirte. Der bereits erwähnte Julius Ernst von Bismarck (1817 – 1898) war Offizier und dann Domänen-Rat auf der Neuenburg bei Freyburg an der Unstrut. Für kurze Zeit, für gerade einmal vier Jahre, war Heinrich Wilhelm Valentin von Bismarck (1799 – 1832) Mitbesitzer des Gutes gewesen. Von ihm ist nur so viel bekannt, dass er als 14-Jähriger an den Befreiungskriegen gegen Napoleon teilgenommen hatte. Sein Bruder Karl Friedrich Paul von Bismarck (1803 – 1879) war dagegen den größten Teil des 19. Jahrhunderts Erbherr auf

Döbbelin gewesen. Er hatte in einem Husaren-Regiment gedient und war als Premier-Leutnant ausgeschieden. Seine wesentlich jüngere Frau Laura (1827 – 1916) hat ihn um 37 Jahre überlebt. Erst mitten im Ersten Weltkrieg war das Gut an den ältesten Sohn vererbt worden. Mit Laura hatte erneut eine »Bürgerliche« in den Döbbeliner Zweig der Bismarcks eingeheiratet. Die geborene Tiemann stammte aus dem westfälischen Bünde, wo ihr Vater Kreisgerichtsrat gewesen war.

Karl Friedrich Paul von Bismarck (1803 – 1879) hatte das Gut 1818 in einer Zeit des Umbruchs übernommen. Bodenreform, agrarische Krisen, Bodenspekulation und Missernten Mitte der 1840er Jahre hatten das Leben der Landwirte erheblich erschwert. Mit der Zeit besserte sich die Lage allerdings wieder. Am Markt

Die Porträts des unerschrockenen Julius (1817–1898) und seiner Frau Klara Hehne (1823–1893), die zweifachen Urgroßeltern Alexanders, haben heute einen Patz über dem Kamin gefunden. Zu ihren Lebzeiten war der Premier-Leutnant Friedrich Gutsherr in Döbbelin. Er und seine Frau Laura hatten zwei Söhne und zwei Töchter. Beide Mädchen starben kurz nach der Geburt. Nach dem Tod von Laura ging der Besitz 1916 auf den Sohn Klaus (1853–1921), dann auf dessen Bruder Friedrich (1857–1927) über und von diesem 1927 auf die letzte Nachfahrin der Familie, nämlich auf Gertrud von Nordeck (1880–1963), das einzige Kind von Klaus.

ließen sich erheblich höhere Preise erzielen. Allein in dem Jahrzehnt zwischen 1850 und 1860 sind die Fleischpreise in Deutschland um 150 Prozent gestiegen. Die Einführung von Schutzzöllen Ende der 1870er Jahre kam vor allem den ostelbischen Großbetrieben zugute. Die Produktivität stieg durch bessere Organisation und Ausbildung, vor allem aber durch den Einsatz von Maschinen. Mit der Jahrhundertwende wurde in der Landwirtschaft die Dampfkraft als Antrieb zunehmend durch elektrischen Strom ersetzt. In Döbbelin wurden die ersten elektrischen Lampen 1910 installiert.

Mit der fortschreitenden Industrialisierung setzte auch in der Altmark die Landflucht ein. Deutschland erlebte eine Wanderungsbewegung von Osten nach Westen bisher unbekannten Ausmaßes. Arbeitskräfte auf dem Land wurden knapp und die »Leutenot« ließ sich nur durch Wanderarbeiter aus dem Osten ausgleichen. Ende des Jahrhunderts geriet die Landwirtschaft erneut in eine Krise. Denn mit dem »neuen Kurs« der Reichsregierung nach dem Abgang Bismarcks im Jahr 1890 wurden die Agrarzölle gesenkt. Die Kornpreise sanken, für Roggen beispielsweise zwischen 1890 und 1900 von 170 auf 142 Mark je Zentner. Gleichzeitig stiegen die Personalkosten, die Verschuldung der Betriebe wuchs, besonders im Nordosten Deutschlands. Die Landwirtschaft hatte schon damals eine schlagkräftige Lobby. Unter dem Reichskanzler Fürst Bernhard von Bülow wurde ein neuer Zolltarif eingeführt. Die Preise begannen sich wieder zu stabilisieren.

Der Döbbeliner Zweig der Bismarcks, die auf Christoph zurückgehen, Heinrichs älteren Bruder, starb mit den Söhnen von Tante Gertrud aus. Heinrichs Nachfahren, die heutigen Schlossherren, haben für den weiteren Bestand der Döbbeliner Linie gesorgt. Ernst hatte sieben Kinder. Auf ihn folgte Julius (1817–1898), der ebenfalls sieben Kinder hatte. Die Aufnahme entstand 1897 anlässlich von Julius' achtzigstem Geburtstag. Hartmann (1855–1929), der jüngste der vier Söhne (ganz rechts im Bild), war mit Olga von Thünen (1860–1944) verheiratet (ganz links, mittlere Reihe). Sie war die Enkelin des großen Nationalökonomen Johann Heinrich von Thünen (1783–1850), der auf seinem Mustergut Tellow in Mecklenburg das Modell der Thünen'schen Ringe entwickelte. Hartmann und Olga sind die Urgroßeltern von Alexander.

Die Katastrophen
des 20. Jahrhunderts

Mit dem Ausbruch des Ersten Weltkrieges endet für Deutschland die längste Friedensperiode, die nur von einigen wenigen kurzen Kriegen unterbrochen worden war. Auch heute, ein Jahrhundert später, sehen die Historiker in diesem Ereignis die große Katastrophe, von der alle anderen des 20. Jahrhunderts ihren Ausgang genommen haben. George Kennan, der amerikanische Publizist und scharfsinnige Beobachter seiner Zeit, hatte sogar von einer »Urkatastrophe« gesprochen. Die Schuldfrage wird wohl immer umstritten und damit ungeklärt bleiben. Berühmt sind die Worte Lloyd Georges, des späteren englischen Kriegspremiers, dass mit einem Bismarck in Deutschland und einem Palmerston in Großbritannien die Katastrophe hätte vermieden werden können. Die Denkschrift des französischen Außenministeriums vom Oktober 1918 kommt dagegen zu einem ganz anderen Ergebnis. Sie geißelt Bismarck als Schöpfer eines »methodisch und skrupellos militarisierten und bürokratisierten Deutschlands«.

Wiederum fünf Jahre später wirbt die Partei von Reichskanzler Gustav Stresemann zur Reichstagswahl 1924 mit Bismarcks Konterfei und seiner Losung »Politik ist die Kunst des Möglichen«. Der Nachhall Bismarck'scher Politik reichte noch bis tief in den Zweiten Weltkrieg hinein. Am 18. Januar 1944, dem 73. Jahrestag der Reichsgründung, erklärte ein Sprecher der in Stalingrad besiegten 6. Armee in dem von den Sowjets eingerichteten Radiosender »Freies Deutschland«, dass Deutschland durch »das Abweichen von Bismarcks kluger und behutsamer Politik in das Unglück des Ersten Weltkriegs getaumelt« sei.

Im Jahr 1916, mitten im Ersten Weltkrieg, ist Laura von Bismarck (1827 – 1916), geborene Tiemann, fast 90-jährig gestorben. Ihre beiden Söhne Hans Klaus (1853 – 1921) und Friedrich (1857 – 1927) treten das Erbe an. Klaus, ein pensionierter Oberst, war mit Therese Demiani verheiratet, deren Familie einem alten italienischen Geschlecht entstammt, das sich in Sachsen angesiedelt hatte. Thereses Vorfahren mütterlicherseits, die Dufour-Feronce, französische Hugenotten, waren ebenfalls in Sachsen zu Wohlstand und Ansehen gekommen. Der um vier Jahre jüngere Bruder Friedrich, im Weltkrieg zuletzt Major, hatte nach dem Tode des Älteren das Gut übernommen. Unverheiratet und kinderlos ist er schon sechs Jahre später gestorben. Seine Nichte Gertrud von Nordeck, geborene von Bismarck (1880 – 1963), erbte 1927 das Gut Döbbelin. Damals war ihre Ehe, aus der zwei Söhne entstammten, schon längst wieder geschieden. Wir werden auf ihr Leben später noch einmal zurückkommen.

Das Leben im Weltkrieg war auch für Gutsituierte nicht einfach. Es war ein Leben in Knappheit. Fast alles war rationiert, Lebensmittel ebenso wie Brennstoffe oder Seife. Den Älteren sind die Steckrübenwinter, sind Kunsthonig und Ersatzkaffee in Erinnerung geblieben. Sie werden sich wohl auch schmerzlich an ihre fünfprozentigen Kriegsanleihen und Schatzanweisungen erinnert haben, die sie im patriotischem Überschwang zu Beginn des Krieges gezeichnet hatten und die nach dessen Ende wertlos geworden waren. Je länger der Krieg dauerte, desto stärker machte sich auch der Mangel an Arbeitskräften bemerkbar, besonders in der Landwirtschaft.

Auch in Döbbelin wurden nun zunehmend russische und französische Kriegsgefangene eingesetzt, und da die mangelhafte Versorgung der Bevölkerung in den großen Städten bedrohliche Formen anzunehmen begann, wurden die Kinder aus Industriegebieten in ländliche Gebiete verschickt. So konnten Kinder aus dem Ruhrgebiet (Oberhausen) ein paar sorglose Wochen in Döbbelin verbringen.

Fast jeder zehnte Döbbeliner war im Weltkrieg gewesen. Drei sind gefallen. Der Blutzoll der Bismarcks war wesentlich höher. Sechs Offiziere starben »treu ihrem Fahneneid den Heldentod für Kaiser und Reich«, so der Todesspruch Ludolf von Bismarcks, des Seniors des Bismarck-Geschlechts. Aus heutiger Sicht erscheint es uns unvorstellbar, wie man darauf stolz sein und die Gefallenen »glücklich« preisen konnte, weil es ihnen »vergönnt war, ehrenvoll ... für ihr Vaterland zu sterben« und es ihnen » erspart geblieben« sei, die Schmach mit anzusehen, wie »die Schöpfung des Größten unseres Geschlechts durch Verrat und Schwäche« in Trümmern gefallen sei. Wieder ein Verweis auf den damals schon legendär gewordenen Reichskanzler und ein Beweis dafür, was die »Dolchstoß-Legende« bereits in den Köpfen der Überlebenden angerichtet hatte. Von Demagogen geschürt und von vielen nur zu willig aufgegriffen, hatte man den Politikern die Schuld an der Niederlage zugeschoben, weil sie mit dem Waffenstillstand und später mit ihrer Unterschrift unter dem Versailler-Vertrag der angeblich siegreichen Armee den Dolch in den Rücken gestoßen hätten.

Laura Minette Rosel Gertrud (1880 – 1963) und ihr Mann Wulf Freiherr von Nordeck. Gertrud hat das Schicksal mehrmals hart getrofffen. Ihre Ehe wird mitten im Weltkrieg geschieden, ihre beiden Söhne überlebt sie. Als der Zweite Weltkrieg zu Ende ist, sitzt sie einsam, alt und verarmt auf Döbbelin, wo ihr zwei kleine Zimmer zugestanden werden.

Es war aber die »Oberste Heeresleitung« gewesen, die um den Waffenstillstand gebeten hatte, weil sie von der Aussichtslosigkeit weiterer militärischer Aktionen überzeugt gewesen war. Nun wurden die Politiker, welche die Kapitulation unterschrieben und in die milliardenschweren Reparationen an die Kriegsgegner notgedrungen eingewilligt hatten, zu »Novemberverbrechern«. Das Klima im Nachkriegsdeutschland war damit gleich zu Beginn vergiftet. Hinzu kam die desolate wirtschaftliche Lage und die Inflation, die das Geldvermögen der Bürger vernichtet hatte, während sich der Staat durch die Geldentwertung aller finanziellen Lasten entledigen konnte. Die Notenpressen waren Tag und Nacht beschäftigt. Herrliche Zeiten für Schuldner! Im Herbst 1923 wurden in Döbbelin für ein Ei 8 Millionen Mark, für ein Pfund Butter 100 Millionen Mark und für ein drei Zentner schweres Schwein etwa 25 Milliarden Mark bezahlt. Der Wochenlohn einer Magd lag zu dieser Zeit bei 16 Milliarden Mark. Auf dem Höhepunkt der Krise, Mitte November 1923, kostete 1 Dollar, der vor dem Krieg 4,20 Goldmark Wert war, 4,2 Billionen Mark.

Fast gleichzeitig hatte die Reichsregierung jedoch eine Währungsumstellung in die Wege geleitet. Das »Wunder der Rentenmark«, wie es damals hieß und deren Erfolg im Nachhinein viele für sich beanspruchen sollten, beruht auf einer einfachen Idee: Mitte Oktober 1923 wird die Rentenbank gegründet, die die Rentenmark ausgibt. Ihr Wert wird auf 1 Billion Papiermark bei einer Parität von 4,20 Mark zum Dollar festgelegt.

Diese Aufnahme zeigt Alexanders Urgroßeltern Hartmann und Olga ein Vierteljahrhundert später mit ihren Kindern und Enkeln. Ganz links steht der Sohn Armin (1888–1968), der im 10. Husarenregiment aus Stendal diente und im Ersten Weltkrieg schwer verwundet wurde. Neben ihm seine Frau Irmgard von Köppen (1894–1977) mit dem Sohn Hans-Joachim (1920–2008), daneben Gertraude (1889–1964), die Tochter von Hartmann und Olga, mit ihrem Mann Wolfgang Ritscher und dem Sohn Peter. Der kleine Hans-Joachim ist der Vater des heutigen Schlossherrn Alexander.

Die neue Währung ist nicht durch Gold gedeckt, sondern in Rentenbriefen einlösbar, deren Deckung in Hypotheken auf den agrarisch genutzten Boden sowie dem industriellen Vermögen besteht. Die Bevölkerung vertraut dieser neuen Währung, zumal sich der Staat verpflichtet hatte, kein »frisches Geld« zusätzlich auf den Markt zu werfen. Diese zwei einfachen Maßnahmen genügten, um das Wunder der Rentenmark zu bewirken, schreibt der vor kurzem verstorbene Berliner Historiker Hagen Schulze. Schon Anfang 1924 liegt die Inflation »wie ein böser Fiebertraum zurück, aber die Erinnerung daran wird in Deutschland die Generationen überdauern«. Nutznießer der Inflation war die Landwirtschaft. Ausländische Wettbewerber hatten sich in Gefolge der immer weiter ausufernden Inflation zurückgezogen. Schulden und Steuern konnten getilgt werden. Auf dem deutschen Agrarmarkt herrschte Hochkonjunktur. Das sollte sich mit Einführung der Rentenmark jäh ändern. Nun drückten die Importe auf die Agrarpreise. Die Landwirtschaft, zumal die weniger wettbewerbsfähigen Betriebe im Osten Deutschlands, verschuldeten sich wieder. Hohe Bodenpreise führten bei jedem Besitzwechsel zu weiteren Belastungen. Schon 1926 wurden in Preußen 90 Prozent der Neuverschuldung nicht für Investitionen, sondern zum Ausgleich von Defiziten aus dem Betrieb und zur Bezahlung von Steuern und Schuldzinsen verwendet. Für die Landwirtschaft waren die 20er Jahre beileibe keine »goldenen«.

In dieser schweren Zeit übernimmt 1927 Gertrud Freifrau von Nordeck, Tochter Klaus von Bismarcks

(1853 – 1921), das Restgut mit 132 preußischen Morgen (rund 34 Hektar) in Döbbelin. Über ihr Leben und das ihrer Angehörigen wissen wir leider wenig. Im Landeshauptarchiv Sachsen Anhalt sind einige Briefe der Familie erhalten. Eine Familienchronik, aus der im Jahr 1935 das »Nachrichtenblatt für das Bismarck'sche Geschlecht« Äußerungen ihres Sohnes Wulf zur Baugeschichte Döbbelins veröffentlicht hatte, ist seit dem Kriegsende 1945 unauffindbar.

Abgesehen von wirtschaftlichen Schwierigkeiten wird Gertruds Leben von vielen Schicksalsschlägen überschattet. Mit 23 Jahren heiratet sie den Rittmeister a. D. Wulf Freiherr von Nordeck. Mitten im Krieg wird die Ehe geschieden. Hans, einer ihrer Söhne, nimmt sich mit 24 Jahren das Leben. Er war Gutsverwalter von Welle gewesen. Der andere Sohn, Wulf, Referendar am Amtsgericht Stendal und Kirchenpatron, verunglückte 1936 bei Freunden in Berleburg (Westfalen) tödlich. Beide Söhne sind in Döbbelin in der Familiengruft untergekommen. Danach ließ »Tante Gertrud« die Gruft zumauern.

Die Großtante des jetzigen Eigentümers hatte das Dritte Reich und die Wirrnisse des Zweiten Weltkriegs einigermaßen glimpflich überstanden. Während es für die Bismarcks in der sozialistisch gewordenen Altmark dann keine Bleibe mehr gab – manchen Namensträger hatte man nur 24 Stunden Zeit gelassen, um den Besitz zu verlassen – konnte Gertrud, die den Namen Nordeck trug, bleiben – allerdings unter sehr kümmerlichen Verhältnissen. Zwei Zimmer ihres 18 Räume umfassenden Schlosses durfte sie weiter bewohnen. 1963 wurde sie dann in ein Altersheim abgeschoben. Das hat sie nicht mehr verkraftet. Wenige Wochen später ist sie gestorben. Die Dorfbewohner, von denen sich einige auch in schwerer Zeit um sie gekümmert hatten, begruben sie auf dem Friedhof direkt neben dem Gutshaus unter einer alten Kastanie. Das war ihr letzter Wunsch gewesen.

Vom wirtschaftlichen Aufschwung in den 1920er Jahren hatte die Landwirtschaft kaum profitiert. Die Weltwirtschaftskrise am Ende des Jahrzehnts verschärfte ihre Lage zusätzlich. Überproduktion auf allen Agrarmärkten drückte auf die Preise. Die Verschuldung der Betriebe wuchs weiter. Auch die Industrieproduktion war rückläufig. Massenarbeitslosigkeit wurde jetzt zum alle Lebensäußerungen bestimmenden Problem. Im Winter 1931/32 waren mehr als sechs Millionen Menschen ohne Arbeit – reichlich Nährboden für radikale Parolen von rechts und links. Nationalsozialisten und Kommunisten bekämpften sich gegenseitig gnadenlos, waren sich aber einig in der Gegnerschaft zur Weimarer Republik. Die Hoffnung der konservativen Kräfte, die Nationalsozialisten durch Einbindung in das politische System bändigen zu können, sollte sich als verhängnisvoller Irrtum erweisen. An Spielregeln wollten sich die Kräfte der »nationalen Erhebung« keineswegs halten. Einschüchterung und nackte Gewalt waren ihre Mittel.

Die im Januar 1933 gebildete Koalitionsregierung, bestehend aus Konservativen und Nationalsozialisten,

Mit der Industrialisierung im 19. Jahrhundert setzte allmählich eine Landflucht ein, denn die Fabriken in der Stadt lockten mit höheren Löhnen und einer geregelten Arbeitszeit, was immer mehr Landarbeiter veranlasste, ihr Glück in der Stadt zu suchen. Unter solchen Umständen war es für Gertrud von Nordeck wahrlich nicht leicht, das Gut in Döbbelin zu führen. Die Aufnahme zeigt die Döbbeliner Bauern 1935 bei der Feldarbeit.

hielt sich daher nur wenige Wochen. Aus einem demokratisch legitimierten Parteienstaat wurde in ganz kurzer Zeit ein autokratischer Führerstaat. Gewerkschaften wurden verboten, Länderparlamente aufgelöst, kurz, die Gesellschaft wurde gleichgeschaltet. Das neue Regime stieß anfangs auf Sympathien, in vielen Kreisen sogar auf sehr große. Dabei kam ihm nicht nur die allmähliche Überwindung der Weltwirtschaftskrise zugute. Anerkannt wurde auch der konsequente Kampf gegen die Arbeitslosigkeit. Öffentliche Aufträge in die Infrastruktur halfen dabei ebenso wie die 1935 verkündete Arbeitsdienstpflicht sowie der Ausbau der Wehrmacht. Eine auf Autarkie ausgerichtete Agrarpolitik, die einen möglichst hohen Grad der Selbstversorgung anstrebte, sorgte gleichzeitig für stabile Preise und damit für den Abbau der bis dahin als drückend empfundenen Schulden. Die Haltung des deutschen Adels zu den neuen Machthabern war anfangs überwiegend positiv. Nicht dass sie diese als besonders sympathisch empfanden. Es war wohl mehr eine Zweckehe, weil sie mit Hilfe der Nationalsozialisten glaubten, verloren gegangenen Einfluss wiederzugewinnen. Das galt auch für die Bismarcks.

Ernst und Achim Engelberg haben 34 Bismarcks ausgemacht, die der NSDAP beigetreten waren, davon vier sogar vor der Machtergreifung. Mit der Zeit wurde aus Zustimmung allerdings Skepsis und aus Skepsis dann, vor allem nach der Reichskristallnacht im November 1938, Ablehnung. Viele haben sich in die innere Emigration zurückgezogen, manche haben aktiv am Widerstand mitgewirkt, wie Gottfried von Bismarck. Am 20. Juli 1944 waren nicht wenige Mitglieder des preußischen Adels beteiligt. Viele haben ihr Engagement mit dem Leben bezahlt. Für den Hitler-Biografen Joachim C. Fest gehörten die preußischen Adligen sogar zum »Kern des Aufstandsversuchs«. Mit ihnen, den Trägern vieler klangvoller Namen, »trat zugleich das alte Deutschland ab«, schreibt Fest, und wenn sein Ruhm längst dahin war, »verspielt im opportunistischen und kurzsichtigen Zusammengehen mit Hitler, so muss doch auch eingeräumt werden, dass der Entschluss zur Kündigung des einstigen Bündnisses von diesen Männern ausging«.

Die Neigung der Döbbeliner Bismarcks, sich politisch zu engagieren, war allerdings nicht sehr ausgeprägt. Die beiden Söhne Gertrud von Bismarcks waren, wie bereits erwähnt, in den 30er Jahren gestorben. Da der eine Zweig der Döbbeliner Linie mit Gertruds Tod (1963) erloschen war, ging die Nachfolge auf die Nachkommen des anderen Döbbeliner Zweiges Hartmann von Bismarcks (1855 – 1929) über, nämlich auf Armin von Bismarck (1888 – 1968), dem Großvater des jetzigen Schlossherrn. Armin war als Fliegeroffizier im Ersten

Weltkrieg schwer verwundet worden. Sein Sohn, Hans-Joachim (1920 – 2008), der Vater von Alexander, war nach dem Abitur gleich zur Wehrmacht eingezogen worden. Bis zum bitteren Ende 1945 war er als Nachrichtenoffizier im hohen Norden eingesetzt.

In Norwegen hatte er seine holländische Frau Francoise (genannt Joyce) van Vloten kennengelernt. Um nicht nach Kriegsende in das jeweilige Heimatland abgeschoben zu werden, hatten sie noch mit Genehmigung der holländischen Königin in Oslo geheiratet. Nach der gemeinsamen Rückkehr nach Deutschland ließen sie sich zunächst in Friedrichsruh nieder, dem einzigen Gut, das den Bismarcks verblieben ist.

Auch sein Vetter Klaus von Bismarck (1912 – 1997) aus der Linie Bernhard von Bismarcks (1810 – 1893), des älteren Bruders des Reichskanzlers, war als hochdekorierter Offizier aus dem Krieg heimgekommen. Er war Gutsbesitzer von Kniephof in Pommern und dann im Zweiten Weltkrieg angesehener Offizier an der Front gewesen. Klaus gehört wohl mit zu den bedeutendsten Vertretern des Geschlechts in der jungen Bundesrepublik. Mit dem Angriff auf die Sowjetunion im Juni 1941 setzte auch bei ihm das Umdenken ein. Anders als im Ersten Weltkrieg hatte die Familie Bismarck im Zweiten Weltkrieg einen hohen Blutzoll zu entrichten. Mehr als ein Dutzend Angehörige sind gefallen. So schreibt Klaus in seinen Erinnerungen, beim Betrachten seiner Hochzeits-Fotos aus dem Sommer 1939 habe er festgestellt, dass von den jüngeren männlichen Hochzeitsgästen 70 Prozent den Krieg nicht überlebt hatten.

Hans-Joachim von Bismarck (1920–2008), der Vater von Alexander, war unmittelbar nach dem Abitur zur Wehrmacht eingezogen worden. Bis zum bitteren Ende 1945 war er als Nachrichtenoffizier im hohen Norden eingesetzt. In Norwegen hat er seine holländische Frau Francoise, genannt Joyce, van Vloten (*1918) kennengelernt. Um nach Kriegsende nicht in das jeweilige Heimatland abgeschoben zu werden, haben die beiden mit Genehmigung der holländischen Königin 1945 in Oslo geheiratet.

Hochzeit von Klaus von Bismack (1912–1997), einem Nachfahren von Otto von Bismarcks älterem Bruder Bernhard, mit Ruth-Alice von Wedemeyer (1920–2013) am 15. Juli 1939 auf Gut Pätzig in der Neumark. Klaus von Bismarck war einer von jenen, die nach der Katastrophe des Zweiten Weltkriegs und den Verbrechen der Nazizeit radikal umdachten. Er engagierte sich in der evangelischen Kirche und setzte als langjähriger Intendant des Westdeutschen Rundfunks und Präsident des Goethe-Instituts Maßstäbe.

Nach Vertreibung und Flucht in den Westen begann für Klaus von Bismarck ein radikales Umdenken. In der evangelischen Kirche engagierte er sich von Anbeginn an und über viele Jahre in führender Funktion, so im Kirchentag und im Weltkirchenrat. 15 Jahre war er Intendant des Westdeutschen Rundfunks und anschließend zwölf Jahre Präsident des Goethe-Instituts gewesen. »Aufbruch aus Pommern« hatte er seine Memoiren überschrieben. Der Titel war für ihn zugleich Programm. Den Aufbruch in ein demokratisches Deutschland wollte er mitgestalten und sich zugleich für eine Aussöhnung mit den östlichen Nachbarn einsetzen.

»Die Freiheit des Christen zum Halten und Hergeben«, hatte er 1954 in Leipzig seine viel beachtete, aber auch viel kritisierte Rede auf dem ersten und für viele Jahre letzten gesamtdeutschen Kirchentag überschrieben. Sein Herz suche die pommersche Heimat, aber um offen und nüchtern zu sein, sehe er keinen Weg, »ohne Krieg und neue Schrecken dorthin zu gelangen. Ich will für diesen Preis nicht zurück«.

Bei Kriegsende standen die Bismarcks vor einem Trümmerhaufen – vertrieben, geflüchtet, ausgebombt oder enteignet. Aber die Flüchtlinge hatten den totalen Krieg mehrheitlich unversehrt überstanden, und was sich bald als besonders wichtig erweisen sollte: Sie befanden sich im Westen Deutschlands. Mit anderen Worten: Sie waren noch einmal davongekommen. Nach der totalen Katastrophe, den unaussprechlichen Gräueltaten, die in deutschem Namen überall in Europa verübt worden waren, muss es ihnen wie ein Wunder erschienen

Dem Döbbeliner Schloss hat der Krieg schwer zugesetzt. Bei Kriegsende richteten sich dort Flüchtlinge und die Soldaten der sowjetischen Besatzungsmacht ein. Immerhin lag nicht alles in Schutt und Asche, und so wurden die Räume allmählich wieder so weit hergerichtet, dass man sie nutzen konnte.

sein, überlebt zu haben. Die Frage nach der Schuld des Einzelnen oder gar einer Kollektivschuld ist dabei den wenigsten gekommen – jedenfalls nicht zu Beginn. Aber blieb ihnen überhaupt Zeit zum Nachdenken? Und konnten sie sich vorstellen, wie schlimm andere Länder heimgesucht worden waren? Darüber war in den Medien des Dritten Reichs nie etwas berichtet worden. Jetzt brauchten sie auch all ihre Kräfte für den täglichen Überlebenskampf. Die nackte Wirklichkeit sind Trümmerlandschaften, in denen sie nun hausten, und die Sorge, frieren und hungern zu müssen.

Bis auf den Stammsitz der fürstlichen Linie in Friedrichsruh (Herzogtum Lauenburg) befanden sich die Besitzungen der Bismarcks im Osten, im nun polnischen Pommern: Plathe, Kniephof, Külz, Jarchlin, Varzin, Heydebreck, Woblanse, Lasbeck und Wangeritz, in der Altmark: Döbbelin, Briest, Welle, Schönhausen I und II, in Vorpommern: Karlsburg und Niederhof, in Thüringen: Wülfingerode und Sollstedt. In der sich nun konstituierenden DDR waren sämtliche Güter enteignet und unter dem Motto »Junkerland in Bauernhand« unter Neusiedlern aufgeteilt worden.

Nur Döbbelin ist diesem Schicksal entgangen, weil das Gut weniger als 100 Hektar umfasste und die Besitzerin, wie wir gesehen haben, nicht den Namen Bismarck trug. Als »Tante Gertrud« 1963 hochbetagt mit 83 Jahren starb, wurde das Gut in Volkseigentum überführt. Rechtsträger war die Gemeinde.

In der Altmark herrschte bei Kriegsende – wie fast überall in Deutschland – das nackte Chaos. Im Frühjahr 1945 war die Region zum Frontgebiet geworden. Vom Westen her näherten sich amerikanische, vom Osten sowjetische Truppen und zwischen beiden Verbänden irrten Hunderttausende: deutsche Truppen-

Das Mobiliar war abtransportiert worden, aber dieser Barockschrank war Gertrud von Nordeck, die im Schloss zwei Räume bewohnte, geblieben. Nach ihrem Tod kam er ins Museum von Stendal. Da war er bald aber nicht mehr auffindbar. Wie sich 1993 herausstellte, hatte die Museumsdirektorin ihn »fürsorglich« mit nach Hause genommen, was auch ihrem Stellvertreter als das Beste erschienen sein muss, denn er fasste beim Transport mit an.

verbände, Transporte mit unzähligen Verwundeten, Binnenflüchtlinge, Vertriebene, Zwangs- und Fremdarbeiter. Der bis dahin mit gnadenlos harter Hand geführte Staat begann sich aufzulösen. Die meisten Betriebe stellten die Arbeit ein. Handel und Versorgung funktionierten nicht mehr. Die Ernährungslage war katastrophal. Überall kam es zu Plünderungen. Am 12. April 1945 erreichten amerikanische Panzerverbände Stendal und Tangermünde. Nach Absprache der Alliierten sollten sie bis Elbe und Mulde vorrücken, die sowjetischen Streitkräfte nach Einnahme Berlins dann nachrücken.

Wenige Wochen später kamen die Russen dann auch nach Döbbelin und richteten sich im Schloss ein, wo sie bis Ende des Jahres blieben. Die wertvollen Antiquitäten und das Silber wurden vom Kreisrat des Landkreises Stendal beschlagnahmt und nach Berlin abtransportiert. Einige Bilder und Sekretäre sowie ein barocker Dielenschrank sind »Tante Gertrud« geblieben und nach ihrem Tode ins Stendaler Museum gekommen.

Der ganz im barocken Stil angelegte sechs Hektar große Park verwilderte nach und nach. Die Mitte des 18. Jahrhunderts angelegte Lindenallee hatte man zu Brennholz verarbeitet. Als Vorteil sollte es sich jedoch erweisen, dass das Herrenhaus bewohnt blieb, sonst hätte es das Schicksal so vieler anderer Adelssitze geteilt, wäre ganz verfallen und dann womöglich abgerissen und durch Plattenbauten ersetzt worden.

Die Eichen und Buchen im Schlosspark haben den Krieg und den Sozialismus gut überstanden. Aber sie tragen Zeugnisse des Geschehenen – sozusagen eingeritzt in ihre Haut. Liebespaare haben sich hier verewigt, aber auch so mancher russische Soldat hat hier in kyrillischen Lettern eine Nachricht hinterlassen wie: »Herbst Demobilisation Okt 61« oder »Panzer Abt. 3«. Auch das kann man entdecken bei einem Rundgang durch den Park, der inzwischen ebenfalls wieder hergerichtet ist. Blumenrabatten wurden angelegt, im Juni blühen die Rosen und die Rhododendronhecken, später der Lavendel. Junge Linden säumen die Parkwege, nachdem die alten aus Mangel an Brennholz nach dem Krieg verfeuert worden waren.

Rat
Der Landrat des Kreises Stendal
—Wohnungsamt—

An Frau
von Nordeck

in Döbbelin

Fernsprecher 36, 115, 170
Bankkonto:
Hauptsparkasse der Altmark, Stendal
Postscheckkonto:
Kreiskommunalkasse Magdeburg 9584

Aktenzeichen: Ks VI/ V/4a

Betr.:

Stendal, den 22. März 1947.

Gemäß Verfügung der Provinzialregierung vom 7.11.1946 beschlagnahme ich die bei Ihnen im Schlosse sowie in den Nebengebäuden befindlichen Einrichtungsgegenstände. Um dieselben dem völligen Zerfall und dem Eingriff anderer Personen zu entziehen.

Die Sachen werden in den nächsten Tagen listenmäßig erfaßt und von dem Hilfswerk der Provinz Sachsen abgeholt, und einem noch verwendbaren Zweck, dem Altersheim des Hilfswerkes, zur Benutzung übergeben. Sollten Sie sowie anderweitige rechtliche Eigentümer der Sache, sich wegen Schadenersatz melden, so bitte ich Sie, sich mit dem Hilfswerk der Prov. Sachsen in Stendal (Landkreis) in Verbindung zu setzen.

Gegen meine Entscheidung steht Ihnen der Weg der Beschwerde bei mir frei. Die Beschwerde ist fristgemäß innerhalb eines Monats nach Zustellung dieser Entscheidung einzubringen.

Im Auftrage:
Kreisrat.

Am 22. März 1947 wurde das letzte Inventar des Schlosses beschlagnahmt. Fein säuberlich listete der Beamte auf, was man der Freifrau von Nordeck abnahm. Die Amtshandlung wurde mit einem Stempel des Landkreises Stendal besiegelt, der das Wappen der Bismarcks trägt. Es war Gertrud von Nordeck freigestellt, innerhalb einer Frist von einem Monat »beim Unterzeichner selbst« Beschwerde gegen die Beschlagnahmung ihres Eigentums einzureichen. Die Gegenstände wurden aber bereits nach zwölf Tagen abgeholt.

Allerdings mussten die 1.400 Quadratmeter Wohnfläche für die Bedürfnisse der neuen Benutzer hergerichtet werden – in einer sozialistischen Wirtschaft, in der es an den meisten Dingen mangelte, keine leichte Aufgabe. Man ist dabei nicht sehr sensibel vorgegangen. Kamine wurden zugemauert, Zwischenwände eingezogen sowie öffentliche Toiletten und Duschen für die Dorfbewohner eingerichtet. Zur Trennung für einzelne Kartoffel-Räume im Keller wurden die alten Eichen-Flügeltüren zerschnitten und auch die Paneele genutzt. Die Freitreppe zum Park war sehr marode. Also wurde sie abgerissen. Der Feuchtigkeit im Gemäuer versuchte man mit falschen Mitteln, nämlich mit Zementputz, Herr zu werden.

Das Herrenhaus beherbergte nun neben Tante Gertrud zwei weitere Familien, daneben einen Kindergarten, eine Bücherei, eine Arztstation sowie Zweigstellen des Konsums und der Post – für viele Dorfbewohner die einzige Möglichkeit, um zu telefonieren. Im Keller lagerten viele Familien ihre Kartoffeln. Zudem wurden Duschen installiert. Ende der 60er Jahren konnte die Bevölkerung hier jeden Samstag für 50 Pfennig eine halbe Stunde lang warm duschen. 1953 ist übrigens auch die Verwaltung der neu gegründeten LPG ins Schloss gezogen. Gleich daneben wurde eine Tankstelle eingerichtet. Die Bauern von Döbbelin hatten sich mit allen Mitteln gegen den Beitritt zur LPG gewehrt. Zwei Familien waren dem politischen Druck nicht gewachsen gewesen und waren über Nacht in den Westen geflüchtet.

Schloss Döbbelin in den 1950er Jahren, für die Bismarcks im Westen ist es unerreichbar.

Zum Gedenken an den Aufstand vom Juni 1953 wurde der 17. Juni in der Bundesrepublik von 1954 an als »Tag der deutschen Einheit« begangen. Olaf von Wrangel, von 1968 bis 1970 Vorsitzender des CDU-Ortsverbandes Aumühle und langjähriger Abgeordneter des Deutschen Bundestages und Vorsitzender des Innerdeutschen Ausschusses, hat diesen Gedenktag alljährlich zum Anlass genommen, die Wiedervereinigung Deutschlands in Frieden und Freiheit zu fordern. Wrangel war 1928 als Sohn eines deutsch-baltischen Barons in Reval (heute Tallinn) geboren worden. Nach Kriegsende verdingte sich der mittellose junge Mann als Landarbeiter in der Lüneburger Heide, während er sich auf das Abitur vorbereitete.

17. Juni
Ein deutscher Trauerfall

Noch haben wir ihn, den Tag der deutschen Einheit. Wo aber ist sie – Die Einheit? –

Nach 27 Jahren trotz „Entspannung" und innerdeutscher Verträge der SPD/FDP Regierung mit der sogenannten „DDR" haben die Bürger im unterdrückten Teil unseres Vaterlandes das Wort Freiheit und Demokratie nur auf dem Papier.

Die Wirklichkeit besteht verstärkt aus Panzern und Sowjetsöldnern. Freiheit heißt auch heute noch bei den Machthabern in Ostberlin und Moskau: Mauer, Stacheldraht, Minenfelder, Schießbefehl und Todesautomaten.

Schluß mit der Trauer, Schluß mit den schönen Reden. Wir wollen die Wiedervereinigung Deutschlands in Frieden und Freiheit. Wir wollen keine weiteren 27 Jahre den deutschen Trauerfall.

Einigkeit und Recht und Freiheit für das deutsche Vaterland.

Verantwortlich: Alexander von Bismarck

Junge Union Schleswig-Holstein
Kastanienstraße 27, 2300 Kiel

Die letzten selbstständigen Bauern waren 1960 dieser Zwangsvereinigung beigetreten. So war die mit großem Pathos nach Kriegsende eingeleitete Bodenreform schon nach wenigen Jahren in ihr Gegenteil verkehrt worden.

Viele Bismarcks hatten weit vor der Wende ihre alte Heimat besucht. Der jetzige Schlossherr Alexander von Bismarck kannte die Wiege seiner Familie dagegen nur von Fotos und aus den Erzählungen der Älteren. Schon als ganz junger Mensch hatte er sich vorgenommen, eines Tages hierher zurückzukehren. Doch die Behörden ließen ihn nicht einmal für einige Tage einreisen. Der Name Bismarck war in der frühen DDR tabuisiert. In der Altmark – und noch dazu so nahe zur Westgrenze – sollte jegliche Form von »Bismarck-Tourismus« schon im Keime erstickt werden. Aus diesem Grunde hatte die Nationale Volksarmee auch das Geburtshaus Otto von Bismarcks gesprengt. Zudem missfielen den Machthabern in Berlin die politischen Aktivitäten Alexander von Bismarcks.

Der gelernte Bankkaufmann und frisch gebackene Unternehmer war, wie gezeigt, seit 1972 aktiv in der Jungen Union tätig, von 1973 bis 1979 als deren Kreisvorsitzender im Herzogtum Lauenburg und bis 1983 als Mitglied des Landesvorstands von Schleswig-Holstein. Er hatte alljährlich am 17. Juni Fackelmärsche zur »Todesgrenze« organisiert. Mit dem Mahnfeuer sollte den Menschen im unfreien Teil Deutschlands gezeigt werden, dass man sie nicht vergessen habe. Ostberlin waren aber alle westlichen Politiker suspekt, die sich unermüdlich für die Einheit Deutschlands einsetzten. »Der Einheit verpflichtet« lautete die Devise, die der junge Bismarck und seine Mitstreiter Anfang November 1975 auf einem Zonenrandkongress ausgaben. Auch in den

Olaf von Wrangel hat den jungen Alexander von Bismarck (rechts) politisch geprägt. Der Kampf gegen die Grenze durch Deutschland war für die beiden Männer, deren Familien aus ihrer Heimat im Osten vertrieben worden waren, dabei eines der wichtigsten Anliegen. Als Kreisvorsitzender der Jungen Union Herzogtum-Lauenburg und Landesvorstandsmitglied organisierte Alexander in den 1970er Jahren alljährlich zum 17. Juni Fackelmärsche zur innerdeutschen »Todesgrenze«.

folgenden Jahren geißelte er das unmenschliche Grenzregime der DDR – mit seinen Todesstreifen, seinem Schießbefehl. Im unfreien Teil Deutschlands würden die Menschenrechte »mit den Füßen« getreten. »Deshalb sind wir als deutsche Demokraten aufgefordert, dies immer wieder und überall zu erwähnen.« Für den jungen Bismarck war die Zonengrenze eine schwärende Wunde, die es zu schließen galt. Die Hoffnung, dass es eines Tages dazu kommen könnte, hatte er nie aufgegeben.

Die Wende

Und dann kam sie tatsächlich, die Wende, 40 Jahre nach Gründung der DDR. Was wurde aus Döbbelin? Das Gut war – wie wir gesehen haben – 1945 nicht enteignet worden. Die Chance, schnell wieder die Eigentumsrechte zurückzugewinnen, war also groß.

Wer waren die Erben? 1927 war mit dem Tode Friedrichs (1857 – 1927) der erste Zweig der Döbbeliner Linie ausgestorben. Nach Gertrud Freifrau von Nordecks Tod im Jahr 1963 hätten eigentlich die Nachkommen von dem Döbbeliner Julius Ernst von Bismarck (1817 – 1898) das Gut übernehmen sollen, denn die anderen Döbbeliner Zweige waren ohne männliche Nachkommen geblieben. Julius war zuletzt Domänenrat auf der Neuenburg bei Freyburg an der Unstrut gewesen – heute ist in Freyburg der Sitz der Rotkäppchen-Mumm Sektkellerei, mit einem Absatz von über 100 Millionen Flaschen jährlich Marktführer beim Sektverkauf in Deutschland. Sein Enkel, Armin von Bismarck (1888 – 1968), wäre also als Erbe in Frage gekommen. Doch die Zeitläufe waren noch dagegen. So konnten erst sein Sohn Hans-Joachim von Bismarck (1920 – 2008), der Vater Alexanders, und die Schwester von Hans-Joachim, Gisela Blunk-von Bismarck (geb. 1924), Ansprüche geltend machen.

Initiativen auf Seiten der Familie bedurfte es allerdings nicht. Der Gemeinderat von Döbbelin hatte von sich aus Kontakt zum damaligen Vorsitzenden des Familienrats, Philipp von Bismarck (1913 – 2006), dem Bruder Klaus von Bismarcks, aufgenommen und angefragt, ob die Familie wieder zurückkehren wolle und zu welchen Bedingungen. Ganz uneigennützig war diese Anfrage freilich nicht. Man hatte Angst, aus dem Schloss könnte ein Asylantenheim werden. Die gesamte Familie war neugierig und hat sich in die Altmark auf-

Unter normalen Umständen wäre Döbbelin 1963 beim Tod von Tante Gertrud an die Nachfahren von Heinrich (1735–1806), Christophs (1732–1818) jüngerem Bruder gefallen, die Nächsten aus der Döbbeliner Linie. Aber die Umstände waren nicht normal. Seit 1961 trennte der undurchdringliche Eiserne Vorhang das Land. Döbbelin ging 1963 in Volkseigentum über und schien für immer verloren – bis sich 1989 alles wendete. Hans-Joachim (1920–2008), der letzte männliche Bismarck aus der Döbbeliner Linie, und seine Schwester Gisela Blunk-von Bismarck (*1924), genannt Tante Pippe (links), machten ihre Ansprüche geltend, und so konnte Alexanders Familie das Gut 1991 zu einem symbolischen Preis neu erwerben. Tante Pippe unterstützt ihren Neffen Alexander seither nach Kräften. Wenn sie in der Altmark auf dem alten Familienstammsitz zu Besuch ist, fühlt sie sich sichtlich wohl. Ihren siebzigsten und achtzigsten Geburtstag feierte sie in Döbbelin.

gemacht. Eine Reise in die Vergangenheit. Die Geschwister Hans-Joachim und Gisela haben dann ganz offiziell einen Antrag auf Rückübertragung gestellt.

Die Gespräche mit der Gemeinde verliefen sehr kooperativ. Deren Sorgen konnten die Bismarcks (Hans-Joachim und Alexander) schnell zerstreuen: Ja, die Familie wollte hier wieder wohnen, das Schloss fachmännisch sanieren lassen und damit auch Arbeitsplätze schaffen. Als beide beim Grundbuchamt in Stendal vorsprachen, herrschte reger Andrang. Als Letzte sollten sie an die Reihe kommen, wurden dann aber überraschend freundlich mit »Guten Tag, Herr von Bismarck« begrüßt. Die Beamtin legte ein altes Grundbuch vor, das seltsamerweise nicht wie die meisten anderen Grundbücher in Barby bei Magdeburg ausgelagert worden war. Es enthielt noch all die alten Bezeichnungen für die Flurstücke. Dort war auch »Tante Gertrud« als Besitzerin bis 1963 eingetragen.

In der Verfügung des Staatsnotars hieß es damals: »Keine Erben vorhanden, deshalb Eigentum des Volkes. Rechtsträger ist die Gemeinde.« Das war ein Glücksfall. Denn so ist das Herrenhaus nicht in die »Treuhand-Masse« gefallen. Sicherlich war es auch ein Glücksfall, dass das Schloss über all die Jahre immer von der Gemeinde komplett als Begegnungsstätte genutzt und bewohnt worden war. So entging das Herrenhaus dem Abriss, und Döbbelin blieben Plattenbauten erspart.

Alexanders Absicht, mit seiner Familie nach Döbbelin umzuziehen, stand schon bald fest. Über 20 Mal ist er im Jahr 1990 an den Wochenenden von seinem Wohnsitz in Mölln in die Altmark gefahren. Ein Jahr später wurde der Übergangsvertrag abgeschlossen, rechtlich mit einem Kaufvertrag zu vergleichen. Kaufpreis: ein symbolischer Wert.

Im Juli 1991, der Kaufvertrag war soeben erst abgeschlossen worden, gab die Familie ihren »Einstand« in Döbbelin bei Kaffee, Kuchen und einem Unterhaltungsprogramm für Kinder. Abends wird bei Musik und Tanz ein kräftiger Imbiss serviert, dazu neben Bier auch der 38-prozentige Bismarck-Doppelkorn kredenzt. Von nun an wurde jeder Baufortschritt festlich begangen.

Nachdem der Kaufvertrag abgeschlossen worden war, wurde von den 18 Zimmern des Hauses eines provisorisch hergericht, denn von nun an verbrachte Alexander jedes Wochenende in Döbbelin.

Als erstes ließ er die Bilder von Honecker und Liebknecht entfernen, dann die Hinweisschilder aus dem sozialistischen Alltag wie »Kulturraum«, »Kindergarten« und »Staatliche Arztpraxis«. Alle Wände im Innern wurden weiß gestrichen, die zugemauerten Kamine wieder geöffnet und die LPG-Tankstelle vor dem Schloss abgerissen.

Die Betontreppe vor dem Herrenhaus wurde durch eine Sandsteintreppe ersetzt, der Hof gepflastert, die Einfriedung zur Straße hin neu errichtet und mit einem neuen Tor versehen. Außerdem hat man Schinkellampen in ihrer typisch sechseckigen Form installiert. Für die Fassade wurde ein Sanierputz verwendet, danach erhielt sie einen gelb-weißen Anstrich.

Viele Dorfbewohner haben die Rückkehrer von Anfang an tatkräftig unterstützt. Einige haben im Schloss schließlich einen neuen Arbeitsplatz gefunden. Was seit Beginn der 1990er Jahre in Döbbelin aufgebaut wurde, muss nun tagtäglich mit unermüdlichem Einsatz gehegt und gepflegt werden. Diese verantwortungsvolle Aufgabe wurde in die Hände von Gerd Hofmann gelegt, der mit dem großen Trecker genauso gut fertig wurde wie mit der kleinsten störrischen Schraube.

Eine weitere wichtige Stütze des »Familienunternehmens Bismarck« in der Altmark wurde Brigitte Luschnat. Sie koordinierte die ersten Schritte in Döbbelin, organisierte alles rund um die Gäste und war Kindermädchen bei den älteren Kindern von Alexander. Die engagierte Frau, die übrigens von 1988 bis 2002 die freiwillige Feuerwehr Döbbelin geleitet hat und damit die erste Wehrleiterin in Sachsen-Anhalt war, führt seit 1991 Besucher durch das Schloss und den Park. Diese Führungen sind nach Voranmeldung jederzeit möglich.

Zuweilen empfängt der Schlossherr die Besucher sogar persönlich, weil es ihm ein Anliegen ist, mit dem Einblick in den ältesten Familienbesitz des altmärkischen Adelsgeschlechtes die Erinnerung an die »Wiege Preußens« wachzuhalten.

Die Renovierung des Schlosses war jedoch aufwendiger als gedacht. Sein Haus in Mölln, im Herzogtum Lauenburg, hat er verkauft. Seit 1991 wohnte Alexander an den Wochenenden und seit 1996 dann mit seiner Familie ständig in Döbbelin.

Ganz ohne Friktionen ist das Zusammenleben natürlich nicht abgelaufen. Im Juli 1991 war die Dorfgemeinschaft plötzlich in zwei Parteien gespalten. Es ging um die Roggenernte auf Feldern, die nun den Bismarcks gehörten. Wem stand aber die Ernte nun zu: den Erben oder der Genossenschaft, die den Acker schließlich bestellt hatte? Der Leiter der Genossenschaft sah sich im Recht und ließ die zwölf Hektar Roggen abernten. »Die Gesetze des Herrn von Bismarck gelten hier nicht«, verkündete er kernig. Doch dieser hatte bereits Strafanzeige erstattet wegen Diebstahls, Hausfriedensbruch und Sachbeschädigung. Einer einstweiligen Verfügung des Gerichts, welches das Korn beschlagnahmt hatte, widersprach die Genossenschaft. Doch schon bald endete der »Roggenkrieg« mit einem Vergleich: Die Genossenschaft akzeptierte die einstweilige Verfügung und willigte in den Vorschlag Bismarcks ein, zwei Drittel des Erlöses aus dem Roggenverkauf an die umliegenden Kindergärten zu überweisen, während Bismarck auf weitere gerichtliche Schritte verzichtete.

Friedensverhandlungen auf dem Feld. Im Sommer 1991 ist man sich nicht einig, wer den Roggen auf den Feldern ernten darf: die Erben oder die Genossenschaft? Nachdem die Genossenschaft vollendete Tatsachen geschaffen und kurzerhand die Ernte eingefahren hat, unterbreitet Alexander einen Vorschlag zur Güte: Zwei Drittel der Erlöse gehen an die umliegenden Kindergärten und die Sache ist vergessen. Das Gericht, welches das Korn beschlagnahmt hatte, ist diesem Kompromissvorschlag gefolgt.

Weihnachten war für die Bismarcks schon immer das wichtigste Fest des Kirchenjahres gewesen, als Fest der Familie, als Fest der Kinder, kurz, als ein Fest, das auch dazu beitragen sollte oder könnte, die zwischenmenschlichen Beziehungen zu stärken. Alexander von Bismarck war ganz in dieser Tradition aufgewachsen, und als einer der führenden Importeure von Weihnachtsschmuck war es für ihn nur folgerichtig, schon bald nach dem Erwerb von Döbbelin auch Weihnachtsfeste für Kinder auszurichten. Tradition und Beruf ließen sich kaum besser miteinander verknüpfen. Der Schlosskeller beherbergt nun ganzjährig eine Ausstellung von Weihnachtsdekor, und in den Wintermonaten sind acht Mitarbeiter an sieben Tagen mit dem Verkauf beschäftigt. Volle Parkplätze und lange Schlangen vor der Kasse zeigen, wie beliebt das Angebot inzwischen geworden ist, wobei die Kunden nicht nur aus dem näheren Umkreis kommen, sondern auch von weiter her. Der Einkauf wird gern mit einem Abstecher in die Altmark verbunden.

Wie Alexander von Bismarck auf den Weihnachtsschmuck verfallen ist, haben wir bereits eingangs geschildert. Eine Reise nach Schweden, wo das »Fest der Liebe« besonders stimmungsvoll begangen wird, hatte ihn auf die Idee gebracht. Überall in den Fenstern erblickte er Stimmungsleuchten. Millionen Haushalte mit abermillionen Fenstern waren damit geschmückt. Was für ein riesiger Markt! Denn Weihnachten ist auch ein Lichterfest, weil Christus das Licht in das »Dunkel der Welt« gebracht hatte (Johannes 8,12). Der junge

In der Adventszeit statten besonders viele Besucher dem Schloss einen Besuch ab und schauen sich in »Bismarck's Weihnachtswelt« nach dekorativem Baumschmuck und anderen schönen Dingen um. Dort gibt es alles, was das Herz begehrt, übrigens auch selbstgebackenen Kuchen im kleinen Café.

Unternehmer war fest entschlossen, diesen Brauch auch in Deutschland populär zu machen. Mit einem schwedischen Produzenten ist er bald einig. 1983 übernimmt er den Vertrieb für Deutschland. Doch das Sortiment der Schweden ist ihm nicht breit genug, vor allem die Kapazität fehlt, um damit einen ständig wachsenden Massenmarkt zu bedienen. Seine Suche führt ihn nach Holland. Die Kaemingk Season Decorations B.V. mit Sitz in Aalten besteht seit mehr als 75 Jahren und hat sich inzwischen zu einem namhaften Importeur und Exporteur von dekorativen Artikeln entwickelt. 1984 wurde man sich einig: Die holländische BV sorgt für Einkauf und Logistik, die Kaemingk GmbH mit Sitz in Grambek (Herzogtum Lauenburg) für den Vertrieb in Deutschland, Österreich, Russland und den Ländern Osteuropas, die der GUS, der Gemeinschaft unabhängiger Staaten, angehören. Beide Brüder, Alexander und Georg-Friedrich (genannt Knöppi), sind geschäftsführende Gesellschafter dieses Unternehmens.

Über 17 000 Produkte, die überwiegend aus China, aber auch aus Indien, der Ukraine und Polen kommen, hat die Kaemingk BV in ihrem Angebot. Jährlich werden mehr als 3000 Seecontainer im Aaltener Distributionszentrum entladen, von wo sie in weltweit mehr als dreißig Länder verschickt werden. Die Lagerkapazität dieser Anlage, direkt an der deutschen Grenze bei Bocholt, beträgt 70 000 Quadratmeter. »Wir handeln mit Produkten, die keiner zum Leben, nur für die Seele braucht«, sagt Alexander von Bismarck. Hier werden Emotionen verkauft und dazu gehört nun einmal das Einkaufserlebnis – ohnehin seit geraumer Zeit eine der schönsten Freizeitbeschäftigungen der Deutschen.

Kaemingk hat über die Jahre eine ganz spezielle Strategie entwickelt. Für Werbung und Marketing wird

Alexander von Bismarck auf Einkaufstour in China, wo er in der Fabrik eines Lieferanten Stimmungsleuchter, Lichterketten und Weihnachtspyramiden begutachtet. China ist der wichtigste Handelspartner der Firma Kaemingk, dem inzwischen größten Importeur für Weihnachtsartikel in Europa.

Im Café und in den Verkaufräumen des Schlosses treffen sich Jung und Alt. Während die Erwachsenen Freude haben am Einkaufen, möchten die Kinder beschenkt werden. Und so gibt es in Döbbelin nicht nur Weihnachtsmäntel und -mützen, Rucksäcke und Bärte, sondern auch leibhaftige Weihnachtsmänner, die auf den alljährlichen Kinderfesten bei Plätzchen und Kerzenschein ihre Gaben verteilen.

Nussknacker und Weihnachtsmänner, Kerzen und Kugeln, Lametta und Schwibbögen, Lichterketten und Weihnachtsbäume. Das ganze Jahr hindurch werden rund 12 000 Artikel im Showroom der Firma Kaemingk auf über 4500 qm für den gerwerblichen Handel aufwendig dekoriert. Alexander von Bismarck beliefert Warenhäuser, Baumärkte, Gartencenter, Möbelhäuser und Ladenketten. Von Dezember an kommen die Einkäufer in den Showroom, um für das Weihnachtsgeschäft im darauffolgenden Jahr ihr Sortiment einzukaufen.

kaum Geld ausgegeben. Großen Wert legt man dagegen auf Design, perfekte Präsentation und eine effiziente, zuverlässige Logistik. Ständig sind die Kaemingk-Einkäufer in aller Welt auf der Suche nach neuen Ideen, Materialien und Farbkombinationen. Grundsatz ist jedoch: Es muss für jeden Geschmack, sei er noch so konventionell oder ausgefallen, etwas im Angebot sein. Die Produkte müssen zudem bezahlbar bleiben. Ein weiterer Vorteil: Die Kunden kommen zu Kaemingk. Das jeweils neue Sortiment wird in Showrooms in Aalten (über 6000 Quadratmeter), in Grambek bei Hamburg und Oudenaarde sowie in kleineren Ausstellungen in Großbritannien und den Vereinigten Staaten gezeigt. Auf der »Christmasworld«, der internationalen Leitmesse für Dekoration und Festschmuck in Frankfurt, zählt man zu den größten Ausstellern. Im Januar werden hier bereits die Neuheiten für die kommende Weihnachtssaison gezeigt. Aber auch auf Messen in Schottland (»Open door days«), in Harrogate (Grafschaft North Yorkshire), in Chicago, Köln oder Birmingham ist man vertreten.

Weihnachtsschmuck war jahrelang ein Wachstumsmarkt. Jetzt scheint er sich auf hohem Niveau zu stabilisieren, liefert jedoch nach wie vor einen zuverlässig hohen Beitrag zur Konsumkonjunktur. Die Nachfrage ist höchst unterschiedlich. Trends wechseln schnell. Für die Beleuchtung der Weihnachtsbäume kommen statt elektrischer Glühbirnen zunehmend LED-Produkte zum Einsatz und auch die batteriebetriebene Leuchtdioden-Technik gewinnt an Bedeutung. Der Absatz

Zunehmend werden auch Produkte angeboten, die nicht nur zu Weihnachten gebraucht werden, beispielsweise Kerzenständer, Vasen, Kopfkissen, Kleinmöbel und Bilderrahmen. Die wichtigsten Abnehmer sind Gartencenter, Möbelgeschäfte sowie Bau- und Heimwerkermärkte. Über den Floristen-Großhandel werden die Kleingeschäfte beliefert.

von Servietten und Tischtüchern aus Papier oder von Kerzen steigt ebenfalls. Weihnachtsartikel aus Glas sind weniger gefragt, Artikel aus anderen Materialien umso stärker. Einer Marktstudie zufolge geben die Deutschen im Schnitt 30 Euro jährlich für Weihnachtsschmuck aus. Hier liegt noch ein erhebliches Wachstumspotenzial! Unsere Nachbarn sind beim Schmücken ihrer Wohnungen sehr viel großzügiger – bisher jedenfalls.

Drei Aufgaben hatte Alexander von Bismarck sich gestellt: Er wollte die Menschen für sich gewinnen, das Schloss mitsamt Park, Kirche und Marstall von Grund auf behutsam erneuern und – was die beiden ersten Punkte einschließt – Verantwortung übernehmen. Verantwortung bedeutet für ihn: Sich-Verantworten, und zwar nicht nur für das, was ihn, seine Familie, seinen Betrieb oder sein engeres Umfeld betrifft, sondern auch für Geschehnisse und Verhältnisse außerhalb der privaten Sphäre. Er sieht sich daher ganz in der Tradition der deutschen Familienunternehmen, die das Rückgrat unserer Volkswirtschaft bilden. Familienunternehmen messen ihren Kapitaleinsatz beileibe nicht nur an der Höhe der Verzinsung. Vielmehr steht auch heute noch die unternehmerische Tätigkeit im Vordergrund, die Verantwortung gegenüber Mitarbeitern und der Region, in der sie wirtschaften, nicht jedoch die Gewinnmaximierung. Sie sehen in ihrem Vermögen auch weniger die Geldanlage, sondern »sinnstiftendes Vermögen«, wie es Hermut Kormann, der ehemalige Chef der Voith AG, einmal formuliert hat. Damit nehmen auch die Nachkommen an einem die Generationen übergreifenden Werk teil, »das in der Gesellschaft Anerkennung findet«. Deshalb engagieren sich die Bismarcks auch in der »Stiftung Familienunternehmen«.

Gemeinsam etwas tun für die Menschen, für die Stadt, für die Zukunft – das ist das Anliegen der Bürgerstiftungen, die seit 1996 in ganz Deutschland gegründet wurden. Auch in Stendal haben sich 2011 zu diesem Zweck 74 Bürger zusammengefunden und die Altmärkische Bürgerstiftung Hansestadt Stendal gegründet. Unter ihnen ist Alexander sowie sein Vetter Gottfried von Bismarck, der älteste Sohn des ehemaligen WDR-Intendanten Klaus von Bismarck. Ein weiterer Gründerstifter aus dem Kreis der »erweiterten Familie« ist Hennig von Katte-von Lucke, der jetzige Stiftungsratsvorsitzende und Freund von Alexander. Im Oktober 2013 hat der Bundesverband Deutscher Stiftungen dieser Bürgerstiftung das Gütesiegel für Bürgerstiftungen verliehen.

Zwischen 1997 und 2002 war Alexander von Bismarck Vorsitzender des Fördervereins der »Philharmonie der Nationen«, ein Orchester, das hochbegabte Musiker aus mehr als vierzig Ländern umfasst. In dieser Eigenschaft hat er 1998 im Plenarsaal der Vereinten Nationen in New York die Glückwünsche des Bundespräsidenten Roman Herzog zum Geburtstag der Organisation überbracht. Ein weiterer Höhepunkt in seiner Amtszeit war 2004 die Moderation beim großen Konzert anlässlich von Justus Frantz' sechzigstem Geburtstag im Berliner Schauspielhaus auf dem Gendarmenmarkt (rechts).

Waren es nun Feste, zum Beispiel wenn es galt, Fortschritte bei der Renovierung des Schlosses anzukündigen, oder Jubiläen, wie etwa »650 Jahre Bismarck in Döbbelin«, oder Nikolaus-, Weihnachts- oder Sommerfeste mit open-air-Konzerten – immer verfolgte der Schlossherr damit auch das Ziel, möglichst viele Menschen mit dieser Landschaft der Altmark vertraut zu machen.

Außerhalb der engeren Heimat hat er sich für die deutsch-russischen Beziehungen eingesetzt und zwischen 1997 und 2002 den Förderverein der »Philharmonie der Nationen« geleitet – ein gemeinnütziger Verein mit damals über 5000 Mitgliedern, der unter der Leitung von Justus Frantz steht. Die Philharmonie der Nationen hat häufig in Döbbelin und Umgebung musiziert. Anschließend wurde stets im Schlosspark gefeiert.

Musik in Döbbelin

Der Bismarcksitz ist inzwischen zu einer überregionalen Begegnungsstätte geworden. Neben Lesungen und Ausstellungen finden hier auch kleine und große Konzerte statt.

Juri Temirkanow ist seit 1988 Chefdirigent der St. Petersburger Philharmoniker und war damit Irinas Chef in ihrer Heimat Russland. Er ist einer der bedeutendsten zeitgenössischen Dirigenten und als solcher gern gesehener Gast der großen Orchester in Europa und Asien, unter anderen der Berliner und Wiener Philharmoniker. Unter seiner Leitung hat Irina ihre ersten Schritte als Bratschistin auf der großen Bühne getan. Die Aufnahme rechts zeigt Irina 1994 bei einem Auftritt mit Mstislaw Rostropowitsch in Ravello (Italien).

Der »Philharmonie der Nationen« unter Leitung von Justus Frantz gehörte Irina (rechts hinter Justus Frantz) von 1991 bis 1997 an. 1994 lernte sie bei einem Gastspiel in Tangermünde ihren späteren Mann Alexander kennen, der fortan kaum eine Gelegenheit versäumte, sie spielen zu sehen und zu hören. Dieses Orchester spielte schon auf der ganzen Welt. Wenn es bei Justus' Freund Alexander in Döbbelin auftritt, ist das immer ein großes Ereignis.

2003 gab das »Rastrelli Cello Quartett« unter Kira Kraftzoff ein Konzert in Döbbelin. »Die vier russischen Vollblut-Virtuosen«, wie die »Frankfurter Rundschau« schreibt, verfügen über ein breites Repertoire. Von Klassik über Jazz und Pop bis zu Klezmer-Musik bieten sie alles auf höchsten Niveau in einer einzigartigen Vielfalt.

In der Adventszeit, wenn die Menschen in die weihnachtlichen Konzerte strömen, füllt sich auch in Döbbelin der große Saal im ersten Stock. Die Hausherrin führt durch den Abend und stellt die Musiker vor. Oft sind es junge Talente aus Russland, deren Ausbildung in St. Petersburg Irina, selbst Absolventin des dortigen Konservatoriums, finanziell unterstützt.

Nikolauskonzert in Döbbelin: Gemeinsam mit den jungen Petersburgern treten Irina und der kleine Armin von Bismarck (links) auf. Das Stück, das sie vortragen, wurde eigens für diesen Abend komponiert.

Sommer in Döbbelin

Im Sommer wie im Winter sind das Schloss und der weitläufige Park mit den vielen lauschigen Plätzchen an sich schon einen Ausflug wert. Darüber hinaus lockt an den Sommerwochenenden noch manche besondere Attraktivität.

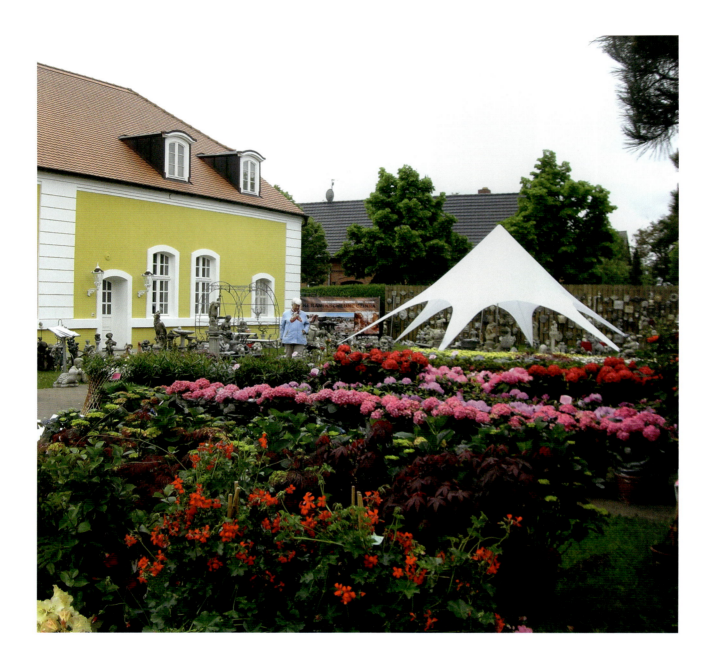

Seit 2013 bilden das Schloss und der Park alljährlich am letzten Wochenende im Mai das glanzvolle Ambiente für die Garten- und Lifestyleausstellung »LebensArt – Erlesenes Schönes für Haus und Garten«, die Tausende von Besuchern aus der Region und darüber hinaus anzieht und anregt.

Der Döbbeliner Park ist inzwischen wieder zu einem botanischen Schmuckstück geworden, eine Kulturlandschaft, die nahtlos übergeht in die Weite der märkischen Felder und die zu jeder Jahreszeit ihre Reize zu bieten hat.

Der Film in Döbbelin

2012 wurden in Döbbelin die Hochzeitsszenen zu der heiteren Liebeskomödie »Mann tut was Mann kann« gedreht. Unter der Regie von Marc Rothemund spielten unter anderen Wotan Wilke Möhring, Jasmin Gerat und Jan Josef Liefers.

Blick in die Kulisse: Im Park wurde eine Mauer aufgebaut, die der verliebte Paul (Wotan Wilke Möhring) in höchster Not überwinden muss, um seine Traumfrau davon abzuhalten, einem anderen das Ja-Wort zu geben.

Die Familie in Döbbelin

Auf dem ältesten Familienbesitz derer von Bismarck in der Altmark sind im Laufe der Jahrhunderte viele Generationen herangewachsen, haben hier gute und weniger gute Zeiten erlebt, bis diese Tradition in den Katastrophen des 20. Jahrhunderts zu enden schien. Aber dann kam die Wende, und die Bismarcks taten alles, um die Geschichte der Familie in Döbbelin fortzusetzen. Armin und Julius gehen in Stendal zur Schule. Vanessa lebt inzwischen in Hamburg, Sebastian in Lübeck. Er studiert in Hamburg.

Die großen Augenblicke im Leben des Menschen sind Geburt, Heirat und Tod. Zu diesen Tagen versammeln wir uns in der Kirche, wir danken Gott, erbitten seinen Segen oder erhoffen uns Trost von ihm. Immer ist dabei ein Mann Gottes an unserer Seite. Dieser Mann war für die Döbbeliner Bismarcks viele Jahre lang der inzwischen verstorbene Familien-Pastor Arp aus ihrer alten Gemeinde Aumühle im Sachsenwald.

Ein feste Burg ist unser Gott, lautet der Text eines alten Kirchenliedes. In Döbbelin wie in vielen Gemeinden der Mark gilt aber auch: Ein festes Haus hat unser Gott, denn die trutzigen Kirchen sind das Einzige, was hier über Jahrhunderte alle Zeitläufte überstanden hat – Gewitter und Stürme, Bomben und Feuer und am Ende auch den Sozialismus.

Für das Hochzeitspaar war es eine große Ehre, dass ihr Freund, der berühmte Klarinettist Giora Feidman, zur Feier des Tages aufspielte und das Brautpaar wie die 180 Gäste mit seinem Spiel zu Tränen rührte. In gewisser Weise setzte er eine Familientradition fort, denn seine Vorfahren traten einst bei Hochzeiten, Bar-Mitzwa-Feiern und anderen Feierlichkeiten im Schtetl des europäischen Ostens auf.

Am 17. Juni 2000 gaben sich Irina und Alexander in Döbbelin das Ja-Wort, und natürlich wurden sie von Pastor Arp getraut. Der 17. Juni war für Alexander immer ein besonderer Tag, und so war das Datum mit Bedacht gewählt: Mit ihrer Eheschließung trugen er und seine Frau in ganz besonderer Weise dazu bei, dass Ost und West zueinander fanden.

Auch der Bruder von Alexander, Georg-Friedrich (Knöppi), und Alexandra Thilo heirateten in der Kirche zu Döbbelin. Sie wurden am 24. August 2002 von Pastor Arp getraut.

Knöppi und Alexandra leben mit den Söhnen Louis und Leonard in Aumühle im Sachsenwald. Die Döbbeliner Linie kann mit ihnen und den Söhnen von Alexander in der 20. Generation nun fünf männliche Nachkommen präsentieren.

Die drei eingeheirateten Frauen der Döbbeliner Bismarcks: Irina aus St. Petersburg in Russland, Joyce aus Amsterdam in den Niederlanden und Alexandra aus Bad Schwartau in Deutschland.

Die Eltern von Alexander, Hans-Joachim (1920 – 2008) und Joyce (*1918) hatten schon die Siebzig überschritten, als Döbbelin wieder in Familienbesitz kam. Aber sie nahmen regen Anteil daran. Unzählige Rundgänge und Diskussionen sind den genauen Planungen vorangegangen. Oft kamen sie zu längeren Aufenthalten nach Döbbelin und verfolgten den Fortgang der Arbeiten. Heute ernten sie den Lohn all dieser Mühen, vor allem wenn die Verwandten zu den Familienfeiern in dem altmärkischen Kleinod zusammentreffen.

Am 22. September 2001 findet zum ersten Mal nach dem Zweiten Weltkrieg und nach der Wiedervereinigung wieder eine Taufe der Bismarcks in Döbbelin statt. Sichtlich entspannt begeben sich der Taufpate Eduard Prinz von Anhalt (links) und der Vater Alexander von Bismarck (rechts) zur Patronatskirche, wo an diesem Tag der kleine Armin Alexander Eduard getauft wird.

Die Familie des Täuflings Armin mit den Taufpaten Ulrike Brülle und Carl-Eduard Graf von Bismarck (links) sowie Waltrud Morsbach und Eduard Prinz von Anhalt (rechts).

Zu den Familienfesten kommen immer wieder auch Eberhard von Puttkamer und seine Frau Karin. Die Freundschaft zwischen dem ehemaligen Generalkonsul in St. Petersburg und der Familie von Bismarck begann 1993 in Russland, als Irina nach einer Tournee die Ausreise nach Deutschland verweigert wurde. Der einzige, der ihr damals helfen konnte, war der Diplomat Puttkamer. Zwischen den Puttkamers und den Bismarcks gibt es auch verwandtschaftliche Beziehungen. So war Otto von Bismarcks Frau Johanna eine geborene von Puttkamer.

Im Jahr 2006 wurde Armins Bruder Julius Alexander Levin von Bismarck in Döbbelin getauft. Paten sind Ludolf Baron von Löwenstern, Nadja Thorn-Henkel und Anna Sadovnikova (links) sowie Lutz Schaffhausen und Tatjana von Katte-von Lucke (rechts).

Bismarck Döbbelin

Erbherren auf Döbbelin

1344 – 1377	Nikolaus I. (Klaus) von Bismarck, 1307 – 1377, vermählt mit Heilewich von Kröcher
1377 – 1403	Nikolaus II. von Bismarck, 1342 – 1403
1403 – 1437	Nikolaus III. von Bismarck, 1385 – 1437 vermählt mit von Alvensleben
1437 – 1488	Ludolf I. von Bismarck, 1410 – 1488 vermählt mit von Plathe
1488 – 1536	Pantaleon I. von Bismarck, 1460 – 1536 vermählt mit Ottilie von Bredow
	Henning III. von Bismarck, † 1528 vermählt mit von Lützendorff
1536 – 1589	Friedrich I. von Bismarck (genannt Permutator), 1513 – 1589 vermählt mit Anna Sophia I. von Wenckstern
1589 – 1604	Pantaleon II. von Bismarck, 1539 – 1604 vermählt mit Anna IV. von der Schulenburg
1604 – 1655	Christoph II. von Bismarck, 1583 – 1655 vermählt mit Dorothea II. von der Schulenburg
1655 – 1696	Levin Friedrich I. von Bismarck, 1623 – 1696 vermählt mit Emerentia II. von Jagow
1696 – 1730	Christoph Georg I. von Bismarck, 1667 – 1730 vermählt mit Anna Elisabeth II. von Katte
1730 – 1773	Hans Christoph III. von Bismarck, 1704 – 1773 vermählt mit Maria von Jagow
1773 – 1795	Christoph Georg Friedrich von Bismarck, 1732 – 1818 vermählt mit Charlotte Lobach
1795 – 1812	Hans Christoph Friedrich von Bismarck, 1769 – 1812 vermählt mit Wilhelmine Tiemann
1812 – 1832	Heinrich Wilhelm Valentin von Bismarck, 1799 – 1832
1818 – 1879 1879 – 1916	Karl Friedrich Paul Leopold von Bismarck, 1803 – 1879 vermählt mit Laura Tiemann, 1827 – 1916
1916 – 1921	Hans Klaus Friedrich von Bismarck, 1853 – 1921 vermählt mit Therese Demiani
1921 – 1927	Hans Friedrich Georg Achatz von Bismarck, 1857 – 1927
1927 – 1963	Laura Minette Rosel Gertrud von Bismarck, 1880 – 1963 vermählt mit Wulf Freiherr von Nordeck
1963 – 1991	»Eigentum des Volkes«
seit 1991	Alexander Armin Wolfgang von Bismarck, *1951 vermählt mit Irina Kuznetsova

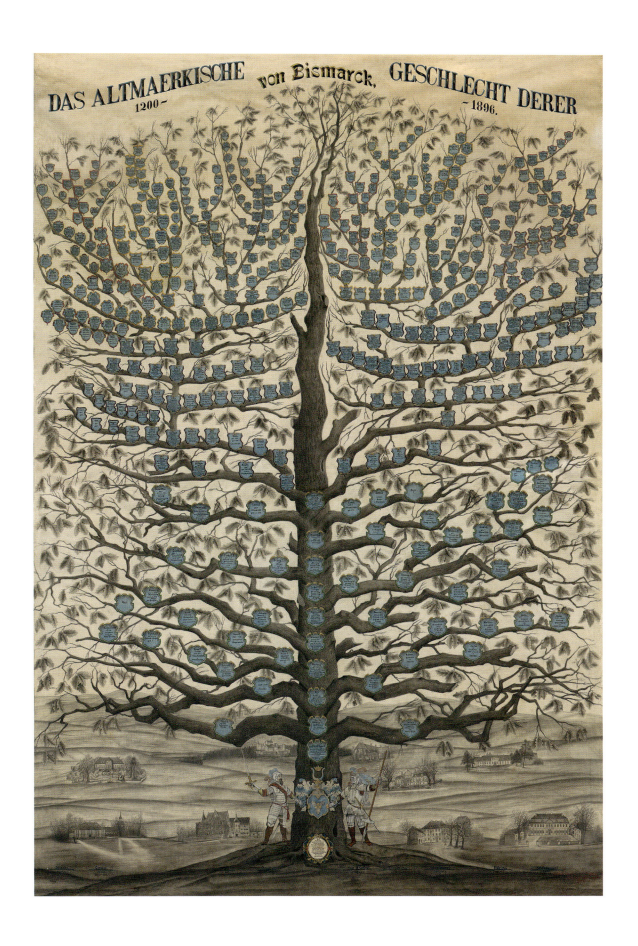

Stammtafel

⑦ Friedrich I. (Permutator)
1513 (Burgstall) – *1589* (Schönhausen)
⚭ Anna Sophia von Wenckstern
†*1579* (Krevese)

Krevese, ältere Linie

⑧ Pantaleon II.
1539 (Burgstall) – *1604* (Krevese)
⚭ Anna v. d. Schulenburg
1556 (Vergunst) – *1626* (Krevese)

Schönhausen, ältere Linie

Ludolf IV.
1541 (Burgstall) – *1590* (Schönhausen)
⚭ Sophia von Alvensleben
1560 (Isenschnippe) – *1635* (Dretzel)

⑨ Christoph II.
1583 (Havelberg) – *1655* (Briest)
⚭ Dorothea v. d. Schulenburg
1600 (Trebsen) – *1665* (Briest)

⑩ Levin Friedrich I.
1623 (Briest) – *1696* (Krevese)
⚭ Emerentia von Jagow
1633 (Aulosen) – *1699* (Krevese)

⑪ Christoph Georg I.
1667 (Krevese) – *1730* (Krevese)
⚭ Anna Elisabeth von Katte
1670 (Halle a. d. Saale) – *1714* (Briest)

Krevese-Briester Linie

⑫ Levin Friedrich II.
1703 (Krevese) – *1774* (Briest)
⚭ Sophie Amalie v. d. Schulenburg
1717 (Straußfurth bei Erfurt) – *1782* (Briest)

Krevese-Döbbeliner Linie

Hans Christoph III.
1704 (Krevese) – *1773* (Stendal)
⚭ Maria von Jagow
1705 (Stresau) – *1741* (Döbbelin)

Krevese, jüngere Linie

Georg Achatz
1708 (Krevese) – *1765* (Krevese)
⚭ Barbara von Eimbeck
1710 (Bretsch) – *1744* (Krevese)

⑬ Christoph
1732 (Briest) – *1818* (Tangermünde)
1.⚭ Charlotte Lobach
1736 (Stettin) – *1789* (Stettin)

Heinrich
1735 (Briest) – *1806* (Buckow)
1.⚭ Katharina v. d. Gröben
1740 (Reiken/Ostpr.) – *1773* (Seehausen)

⑭ Hans
1769 (Stettin) – *1812* (Döbbelin)
⚭ Wilhelmine Tiemann
1780 (Amt Limberg Kreis Lübbecke) – *1856* (Döbbelin)

Ernst
1771 (Seehausen) – *1837* (Koblenz)
⚭ Emilie von Kleist
1793 (Schloss Zottewitz) – *1859* (Berlin)

↓ ↓

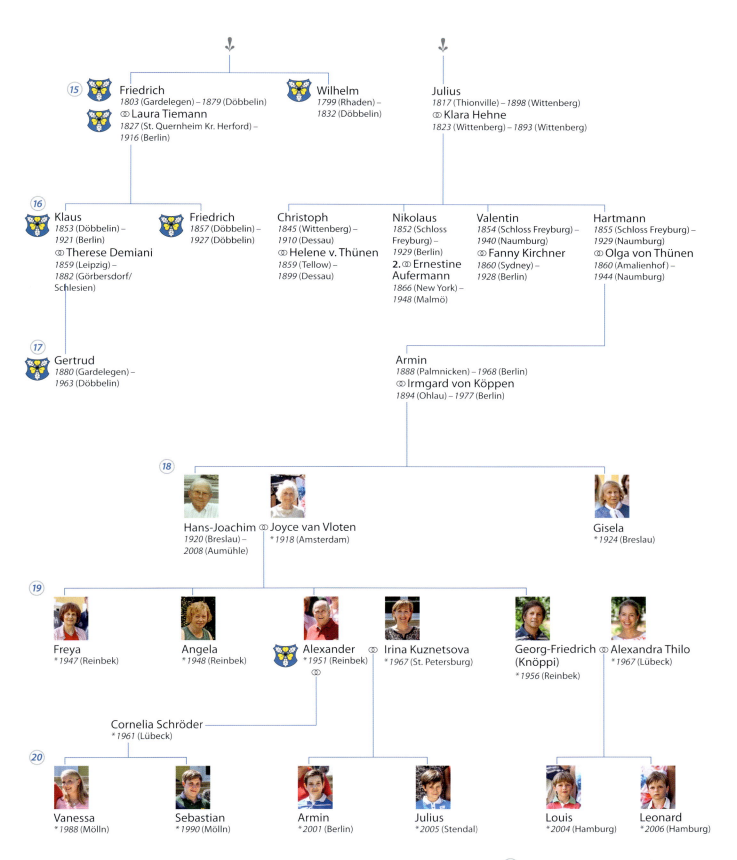

Die Bismarcks haben Döbbelin zu neuem Leben erweckt. Jeden Tag werden die Tore für Besucher geöffnet. Was das Jahr über geboten wird, findet man auf der Internetseite http://www.bismarck-doebbelin.de.

Literaturnachweis

Bismarck's Land. Ein Reiseverführer.
Chronik von Döbbelin 1160 – 1990.
Deutsche Gesellschaft in Sachsen-Anhalt e.V. : Döbbelin. Schlösser und Gärten in Sachsen-Anhalt.
Döbbeliner Dorfchronik zum 850-jährigen Bestehen 2010.
Nachrichtenblatt für das von Bismarck'sche Geschlecht. Herausgegeben von Valentin von Bismarck.
Stammbuch des altmärkisch-uradligen Geschlechts von Bismarck von 1200 bis 1900. Erweiterter Nachdruck 1974. Bearbeitet durch Heinrich von Bismarck.
Ferdinand von Bismarck-Osten: Die Bismarcks in früheren Jahrhunderten. Bismarck'scher Familientag 1970.
Ernst und Achim Engelberg: Die Bismarcks, München 2010.
Joachim C. Fest: Hitler, Frankfurt/Berlin 1973.
Johan Huizinga: Herbst des Mittelalters, Stuttgart 1961.
Fritz Kaphahn: Die wirtschaftlichen Folge des dreißigjährigen Kriegs in der Altmark, Gotha 1911.
Jacques Le Goff: Geschichte und Gedächtnis, Berlin 1999.
Udo Mammen: Die Familie Bismarck und die Altmark. Heimatbeilage der Altmark-Zeitung 1993.
Theodor Schieder: Vom Deutschen Bund zum Deutschen Reich, München 1960.
Hagen Schulze: Weimar 1917 – 1933, in: Siedler Deutsche Geschichte, Berlin 1982.
C. V. Wedgewood: Der dreißigjährige Krieg. Englische Erstausgabe 1938, Übersetzung München 2002.
Zeitungsartikel sind nicht aufgeführt.

Bildnachweis

Archiv des Landesamtes für Denkmalpflege und Archäologie Sachsen-Anhalt, Halle an der Saale: 54, 101, 110, 162

Rule von Bismarck, Privatarchiv des Bismarck'schen Familienverbandes, Briest: 158

Bridgeman Images, Berlin: 131

Achim Engelberg, Berlin : 125

Foto Ulrich, Stendal: 47, 79, 219, 225, 234/235 (Fotos Jörg Ulrich)

Geheimes Staatsarchiv Preußischer Kulturbesitz, Berlin, I. HA Rep. 78a, Kurmärkische Lehnskanzlei, Nr. 2, Bl. 47v: 37

Klaus Kirchner, Erlangen: 143. Es handelt sich um ein sowjetisches Flugblatt von 1941.

Jan Kleemeier, Arendsee : 97

Andreas Körtge, Stendal: 39

Mitteldeutsche Medienförderung GmbH (MDM), Leipzig/Konstanze Wendt: 29, 67, 102/103

Henriette Olbrisch: 72, 73, 74, 75

picture alliance, Frankfurt am Main: 223 (dpa/Hubert Link, Zentralbild)

Privatbesitz Familie von Bismarck, Döbbelin: 6, 10, 14, 15, 17, 21, 22, 23, 25, 26, 27, 31, 33, 35, 41, 43, 44, 45, 55, 56, 57, 58, 59, 61, 69, 71, 85, 87, 89, 95, 96, 99, 100, 105, 111, 113, 115, 117, 119, 122, 123, 127, 134, 135, 138, 139, 141, 147, 149, 153, 157, 160, 169, 170, 173, 175, 177, 178, 179, 180, 181, 182, 184, 185, 187, 189, 191, 191, 193, 195, 197, 198, 199, 201, 202, 203, 204, 205, 206, 207, ,210, 215, 216, 220, 222, 224, 226, 227, 228, 229, 230, 231, 233,

Tourismusverband Altmark e.V., Tangermünde : 63, 65

Silvia Trenck, Schlossverwaltung Döbbelin : 13, 19, 49, 51, 53, 83, 91, 107, 109, 164, 183, 209, 211, 212, 213, 221, 238

Warner Bros. Entertainment GmbH: 217